宗教と理性をめぐる対話

信仰と懐疑のはざまにて

ジョン・ヒック
間瀬啓允［監訳］

John Hick
Between Faith and Doubt
Dialogues on Religion and Reason

教文館

はじめに

もしもあなたが宗教にたいしてひどく懐疑的でありながら、それでもきっぱりとはこれを捨て切れないでいるならば、あるいは、もしもあなたが「信仰と懐疑のはざま」にあって、何か割り切れない気持ちでいるならば、そういうあなたにとって本書はうってつけの読み物です。本書は超越的な実在についてのどのような信念にもひどく懐疑的な架空の人物、デイビッドと、宗教体験をもとに物的・人的なものを超えた高次の実在があると固く信じて疑わない、もうひとりの人物、ジョン――この私――とのあいだの一連の対話で成り立っています。

この対話では、私たちの誰もが抱く「ビッグ・クエスチョン」を取り上げています。神を信じる理由は十分にあるのだろうか？　神とは幻想のものではないだろうか？　はたまた、「神」という言葉で、正しくは、一体どんな意味を伝えようとしているのだろうか？　もしも教会で教えられてきた神というものが存在しないとするならば、私たちがその重要な一部を成すこの物理的な宇宙の他に、どんな「大事なもの」があるというのだろうか？　多くの人が体験したと証言する、あの、たまさかの、尋常でない「頂上」の瞬間というものは、壮麗なる霊の世界を垣間見る「瞬時のもの」なのだろうか？ そうした体験を信用することは「理に適う」ことなのだろうか？ もしもそうだとしたら、それは人生の意味についての「何」を教示しようとしているのだろうか？ はたまた、死後に「何」が起きるというのだろうか？ こうした疑問の一つ一つにたいして、信仰と疑いの両サイドから、つまりジョンとデイビッドのあいだで、激しく議論が交わされます。

この対話のなかで、私、ジョンは自分の長い人生のあいだで実体験したことをいくつか語りました。感動的な宗教体験の瞬間のことだけでなく、キリスト教以外の宗教との出会いの経験、地震の体験、異端審問にかけられた苦い経験、霊媒による顕現の証言体験など、多々あります。

読者の皆さんのなかには、現代の脳科学に触れて私が書いた8章と9章の内容は専門的に過ぎると思われて、読み飛ばそうとされるかもしれません。けれども、そうする誘惑に負けないで、どうか眼をとおすことだけでもしてください。難解な専門用語は平易な表現に改めてあります。そして、そこに書かれている内容はただ興味深いというだけでなく、さらに重要な論点も含まれているからです。

ジョン・ヒック

目次

装丁　桂川　潤

第1章　異なる論点の明確化――自然主義 vs 宗教

デイビッド　久しぶりにお会いできてうれしいですよ、ジョン。大学時代にやったように、また議論に花を咲かせましょう。あなたは宗教的な妄想を抱いてホームページ作りにたいそう入れ込んでいるようですね。

ジョン　またお会いできて、私もうれしいです。そういえば、あなたも相変わらず無反省なまま、自然主義的な仮説に入れ込んでいますね。

デイビッド　無反省なままではないですよ。現代人には自然主義的な立場が「初期設定」されています。ですから、自然界、つまり物理的な宇宙のほかには何も存在しないと信じているのです。宇宙を超えたさきに神々や不死の魂、天使や悪魔たちの住む超自然的な世界があるわけでなく、天国や地獄もない。あるのはただ物質的な宇宙だけで、これを理解しようと諸科学は探究を続け、究明に努めているのです。

ジョン　それは自然主義的な見方というものです。そういう可能性があることは認めましょう。けれども、それはただの可能性でしかありません。宇宙は曖昧模糊としていて、両義に捉えられるものだと思います。つまり、完全で矛盾のない自然主義的な説明も、完全で矛盾のない宗教的な説明も、実は互いに相手の説明を取り込みながら、原理上、このどちらの説明も可能だと思うのです。自然主義的な説明のほうは宗教を妄想であるとして取り込み、逆に宗教的な説明のほうは、科学を物理的な宇宙の記述でしかないとして、これを取り込んでいるのです。もちろん、ここで私は多くの宗教思想家とも、反宗教思想家とも、考えを異にしています。この点については私に同意してくれると思うのですが、いかがでしょうか。

デイビッド ええ、宇宙が曖昧模糊としたものだという点については賛成できます。けれども、それは宇宙がさまざまな人たちによって、さまざまな方法で理解され、また理解されうるものだという意味においてだけです。ですが、本来的には、宇宙は曖昧模糊としたものではけっしてありません。宇宙は単に物質からできているだけです。宇宙は想像を絶するほど巨大です。そして、その内部には、何千億年という時間をかけて非常に複雑な化学構造ができあがっているのです。その構造のなかには、大きな頭脳を備えた私たち人間という動物が含まれています。そして、この銀河系の、この太陽系の惑星上で私たち人間は進化してきたのですが、また別の銀河系の、別の太陽系の惑星上で進化してきた可能性も十分にあるのです。このように想いをめぐらせることは実におもしろいことであり、また、さらに、私たちがほんの微々たる存在でしかないように仮にも思うことができるなら、それは本当にすごいことだと思うのです。けれども、この物質的な宇宙を越えたさきに超自然的な実在があると示唆するものは何もありません。あるとすれば、それは、私たちが自然のたどる大きなプロセスのなかでの単なる産物でしかなく、しかもそのプロセスのなかで、際限なく生滅させられているという理不尽な考えに捉われておののく、恐怖心だけです。宗教は、大まかに言えば、この種の自然な、一般には抑圧された恐れ、言い換えれば、死の恐怖心にたいする解毒剤です。ですから、あなたがた哲学者のおっしゃるように、自然主義が根拠のない単なる仮説などではなく、現在の科学が最善を尽くして出した結論なのだという考えを私は堅持しているのです。

ジョン　それとは反対の立場から、私は独断的な物質中心の考えに対抗して、宇宙の曖昧さをあなたに説明しようとしているのです。これはたまたま生じた役割逆転というものです。というのも、二百年ほども前のこと、宇宙は曖昧なものであって宗教的に理解されてはならないと独断的な宗教信仰者に説明しなければならなかったのは自然主義思想家のほうだったのです。ところが、今日では事情が逆転しています。宇宙がただの物質的にしか理解されてはならないと物質中心主義者に説明しなければならないのは私たち宗教者のほうなのです。物質中心主義、つまり哲学的な言葉でいうなら物理主義ですが、これは科学的に設定されたものではありません。これは物理的宇宙の探究で進歩してやまない科学の成功から、物理的なもののほかには何も実在しないとする仮説への飛躍なのです。けれども、それは深く浸透しているとはいえ、ただの仮説でしかありません。これは、まさにトーマス・クーンが彼の著書『科学革命の構造』[1]のなかで説いたとおりで、このような仮説は一世代あるいは数世代にわたる科学者たち（および科学者たちから影響を受けた一般の人々）のあいだに深く浸透することができるので、こうした仮説は宗教者の信仰の場合にも似て、論じ合うことも、取り替え合うことも、きわめて困難なわけです。ところで、あなた自身が典型的な例であるように、たとえば誰かが、信者は祈っているときに目には見えなくても神を身近に人格的な存在として感知しているのだと言ったとき、あなたは自動的に、それは妄想だと言って退けるでしょう。というのも、あなたは「自然にまさる」実在（私は「超越的な」実在という言い方をしているのですが）はないと考えておられるからです。どうでしょうか。つまり、誰かが宗教的瞑想の何らかの形において、自分が究極的な超越的実在とつながっているという、その本性上の一側面の経験を報告するとき、あなたは以前と同じように、それを自動的に妄想とみなすでしょう。また、ウィリアム・ジェイムズが「私たちの正常な覚醒……とは、この上ない曖昧さによってその覚醒から離れてみると、そのすべてがまったく異なった潜在的な意識の形として見えてくるのではあるが、それは、実は意識の特別な一形態に過ぎないのだ[2]」と書いたことにたいして、あなたはそのような考えを自動的に退けてしまわれるのでしょうか。

デイビッド　ええ、もちろんです。これは単純にこの三、四〇〇年のあいだに少しずつ積み上げられてきた、世界に関する科学的な理解なのですから……。そして現在――少なくとも西欧の世界では――それがほぼ普遍的に受け入れられている世界観です。ですから、この理解を退けようとするなら、退ける人にその理由を説明してもらわなければなりません。この私、つまりヒューマニストとしてのこの私には、この世とこの世の生活があるだけで、それ以外には何もありません。ですから、この世の生活はできるかぎり楽しむことにしましょう。

ジョン　ええ、でも、はっきりさせましょう。人は誰もが理性的な存在ですから、その尊厳と価値が認められ、またこの世で良き幸せな人生を送ることを望むという意味では、あなただけがヒューマニストというわけではありません。その意味では、私たちは皆ヒューマニストであり、誰もが良き幸せな人生を望んでいるのです。けれども、あなたの言うヒューマニズムは、物質中心主義であるとして攻撃もされ、また擁護もされてきたものです。つまり私が言いたいことは、それが強固に信じられているにもかかわらず、証明のできないものという意味で、それは一つの信仰だということです。

デイビッド　おそらく厳密な論理的意味では証明されないでしょう。けれども、世界を宗教的に理解することに比べれば、それは圧倒的にそれらしく説明がつきますよ。

ジョン　そうおっしゃいますが、私としては、あなたのその主張を是非とも吟味したいですね。

デイビッド　承知しました。けれども、その吟味に入るまえに出てきそうな誤解を先に取り除いておきましょう。私は物の存在しか信じないという意味での物質中心主義者、つまり物理主義者なのです。とはいえ、それは私たちヒューマニストが物の所有だけに心を奪われて、それ以上には何の関心も理想も持たないという意味での、いわゆる「物質オンリー」を意味しません。物理主義にはそういう意味での物質中心主義は含まれていません。このことには同意してもらえますね。

ジョン　そういう意味でなら、もちろん同意しますよ。それに、お互い、率直な物の言い方をしているわけですから……。まえにも言ったように、オカルト、幽霊、お化け、魔女、魔法、呪いなどと結びついた「超常現象的」なものには拘泥しないことにしましょう。その代わりに、まださほど手あかのついていない言葉「スープラ・ナチュラル」（自然にまさる）とか、言葉遣いに変化を持たせるために「スープラ・センソリー」（感覚にまさる）といった言葉を使うことにしましょう。

デイビッド　ええ、是非そうしましょう。で、少し話を戻して、私の物質中心主義ないし物理主義ということですが、実のところ、現在では、これはその理由を繰り返して言う必要がないほど十分に定着している仮説です。これと同じように、私たちは皆、自然の「法則」はいつまでも変わることがないという前提にもとづいて物事を処理しています。そして、実際に私たちは、たとえば「車は左、人は右」といった基本的な社会規範を守るというような日常生活の些細な前提に従っています。ですから、私にとって自然主義はゆるぎない前提であって、これに反しようがありません。もしこれを疑問視しろというのであれば、あなたはその根拠を突き崩さなければならなくなるでしょう。

ジョン　ええ、よくわかっています。私もあの偉大なスコットランドの哲学者、デイビッド・ヒュームと同じように、自然の秩序は証明できなくても十分に前提してよいという立場をとっています。自然の秩序なしには私たちは生きていくことができないでしょう。また、自分以外の自動車運転者も道路で決められた側を走るといった社会的前提に立っていることも同じでしょう。けれども、あなたの自然主義的な前提は、これとは少し異なっているようにみえます。それは日常生活に欠かせない必然的な前提ではなく、受け入れることも拒むこともできるような両義的な理論です。あなたはその根拠が説明を要しないほど明白だとおっしゃいます。けれども、敢えてその根拠をただしてみると、論理的には自然主義的な結論の範囲を超え出ないことがわかります。つまり、信仰の飛躍によっているということなのです。ですから、あなたがその根拠としているものについて検討することにしましょう。

デイビッド　では、あなたがいまおっしゃったことの例を挙げてみましょう。宗教者たちは、彼等がいう祈りや瞑想のなかで本当に主観的な体験をしているのかもしれません。それを否定する必要はありません。けれども、それは自分自身の心の産物のことを述べているだけのことでしょう。トマス・ホッブズはこれを上手に説明しています。「夢のなかで神が自分に語りかけたという人は、神がその人に語りかける夢を見たと言っているに過ぎないのだ[3]」。宗教体験についての純粋に自然な説明は「体験した」というだけで十分なのですから、それ以上に観測不可能な事柄を要請する必要はありません。「必要以上に実体を増やすな」というオッカムの剃刀を強調しておきます。

ジョン　それを聞いて、昨日読んだばかりのルーミーの詩を思い出さずにはいられません。ルーミーはペルシャの偉大な神秘家です[4]。

胎児と交わす会話がどんなものか考えてみよ。
君はこう言うだろう「外の世界は広くて、とても複雑だ。
果てしなく広がる麦畑、山中の小路、
実り豊かな果樹園が見える。
夜空には、何百万もの星の銀河、
陽ざしの下では、婚礼の祝宴で踊る美しい友人たちがいる」
君は胎児に尋ねる「なぜ目を閉じて、暗いところに
閉じこもったままでいるのだね」
答えを聞いてみよう。
「別の世界」なんてないんだよ。
僕は自分が経験したことしか知らない。
君は幻覚を見ているのだ。

デイビッド　素敵な詩ですね。けれども何も説明していません。神秘体験はあくまでも、やはり主観的な体験ですよ。

ジョン　わかりました。けれども「主観的」という言葉には気をつけなければいけませんよ。注意していないと、すぐに迷子になります。意識的な経験はすべて主観的なものです。つまり意識のなかで生じ、当人にしかわかりません。ですから、経験が主観的であるということには何の意味もなく、ただそれだけのことなのです。とはいえ、宗教体験には、あなたは純粋に自然な説明があるとおっしゃる。それはどういうことでしょうか。

デイビッド　それはそっくりそのまま、宗教についての自然な説明の一部だということです。ご存知のように、いくつかの可能性があります。社会学の立場から見れば——主要なものを一つだけ取り上げるとすると、エミール・デュルケームが適切かと思いますが——宗教は社会的一体感を生み出し、これを保持するために生じたというのです。デュルケームはオーストラリアのアボリジニを研究して、原始社会の神々は社会そのものの象徴であったという理論を発展させました。つまり、社会というものは「人々に振るう権力によってだけでも、心のなかに聖なる感情を掻き立てるのに必要なものをすべて備えている」[5]というのです。そして、デュルケームはこの考えをあらゆる形式の宗教に当てはめて一般化しました。また、カール・マルクスにとっては、宗教は「大衆のアヘン」[6]であり、冷酷な世界においては慰めとなるので、労働者を支配する資本家たちにより、社会統制の手段として利用されました。また、精神分析の観点からは、もちろんこの分野での偉人であるジクムント・フロイトが、「宗教の必要性は、幼児の頼りなさと父親にたいする憧れに由来するということは、この私には議論の余地のないものと思われる」[7]と述べました。

こうした先人のあとを受けて、さらに詳細な発展や理論の精密化がなされてきたことは言うまでもありません。けれども、あなた自身、こうした人々のことをよくご存知で、私がいちいち紹介する必要もないでしょう。こうした先人たちに何らかの真実があるとは思いませんか。

ジョン ええ、もちろん先人それぞれに真実の要素があるとは思いますが、そのうちの誰かが、あるいは全員が、真実の全体を作り上げているとは思いません。歴史的に見れば、宗教が社会現象であることは真実です。けれども、偉大な世界的信仰の始まりが、ゾロアスター、ブッダ、マハーヴィーラ、モーセ、イエス、ムハンマド、ナーナクといった、際立った個人によってもたらされたことも真実です。また、組織化された宗教が、大概は社会統制の道具として機能したことも真実です。けれども、宗教が往々にして社会的な変革のきっかけとなってきたことも、また真実です。たとえばインド社会においては、仏教がカースト制度に反対してきましたし、西洋社会における奴隷制反対の運動には宗教的な動因がありました。また、南アメリカにおける解放の神学の影響、南アフリカにおけるアパルトヘイトにたいするキリスト教の反対運動が挙げられます。苦難や危険な状況に陥ると、人々は自分たちを守ってくれる慈悲深い天の父という考えから直ちに慰めを受けとることも真実です。そして、多くのキリスト教徒は、その同じ神が十字架上で人々のために、人々と共に苦しまれたとする信念から慰めを引き出すことも真実です。けれども、とりわけ仏教のように、また不二一元論的ヒンドゥー教もそうですが、宇宙は究極的にこの上なく恵み深いとするものの、その究極的実在を人格神とはみなさない宗教もあります。ですから、こうした理論のどれを取り上げてみても、すべての宗教には適用できませんし、したがって宗教そのものにたいしても適用できません。デュルケームとフロイトは、仏教については何も知らなかったようですし、マルクスもそうだったように思われます。そのため、全体像は現在認められているどの理論よりも一層複雑です。けれども、いずれにもせよ、こうした理論には真実の要素があるわけで、それは超越者にたいする私たちの気づき——当面はこういう言い方をしておきます——という人間の側での真実です。けれども、あなたが取り上げた理論は、それぞれが自らを真実であると主張する競合関係にありますが、あなたはどの理論に賛成されるのですか。

デイビッド　さて、どの理論も宗教のさまざまな側面を説明しているわけで、理論上はどれも正しいと思います。けれども、基本的に宗教は、今日の私たち自身の社会のなかでは単なる願望を引きずっているだけのもののように思われます。つまり、苦しいときに頼ることのできるような、全能にして愛なるお方がこの宇宙に存在してほしいとか、常に私たちを見守り、万事を益に転じてくれるような偉大な力が働いていていてほしいと願うわけです。それほどまでに深く人々は信じたい、あるいは時にはそう信じたいと思っているし、また教会側はそうした事態に乗じて、過去に人々が無批判に受け入れた彩り豊かな礼拝や位階を用いて権威をひけらかし、宇宙的な心像と、そして大げさに心に響く教義のなかでその観念を呈示しているのです。けれども今日では、かつて強大な印象を与えていた構築物はみな疑念に蝕まれています。今や、科学は権威にたいして強力な異議を唱えていますし、また科学の目をとおせば、宇宙はわずかばかりの化学物質に満たされた、広大にして寒々とした無の空間である以外の何ものでもないことがわかってきました。

ジョン　そうなのですね。それでも、科学に説明のできない基本的な神秘について、ここで言及させてもらいますよ。それはほかでもない、この物理的宇宙そのものの存在のことです。これは神秘ではありませんか。

デイビッド　いいえ、それは意味のない問いです。「何もない」の代わりに、なぜ「何かがある」とおっしゃるのですか。まったく無意味です。何を答えとみなすことができるか、想像すらできないからです。何かが存在するという基本的な出発点を越え出て、それ以上さきに進むことはできません。

ジョン　確かにできません。けれども、私が尋ねているのは別のことです。私が尋ねているのは、現に存在するものがなぜ私たちの気遣うこの宇宙という、特定の形をとったものなのか、ということです。宇宙科学者は、宇宙が一三〇億年前後の昔に、この上なく小さくて可能な限り稠密《ちゅうみつ》な粒子の爆発である「ビッグバン」とともに始まり、今なお膨張し続ける星雲宇宙になったと言います。それでは、ビッグバンが、もしもあなたの言われるとおり一回限りのもので、ほかには何もない絶対的な始まりであるとするなら、何がビッグバンを引き起こしたのでしょうか。いくら微小とはいえ、何もないところから急に何かが出てこられるものでもないでしょう。そのような宇宙が本当に自明だと言えるでしょうか。ビッグバン以前に、ビッグバンを起こすために何があったのでしょうか。

デイビッド　その答えは、「ビッグバン以前」というものはなかった、ということです。なぜなら、時間は物理的宇宙の次元のものだからです。時間そのものがビッグバンと一緒に始まったので、ビッグバンに先立つ原因についての疑問はないということです。宇宙は閉じた時空の系であって、空間的とか、時間的という外部はありません。

ジョン　ええ、確かにそれが今日の、この分野における宇宙理論の一つですね。それでも、私の疑問に答えたことにはなりません。存在するものがまさにそうした閉じた時空連続体、いわば外部のない内部であると考えてみても、依然として、なぜ存在するものがこの特定の形をとったのかと尋ねることはできます。別の形をとることもできたと考えられますし、また私たちのどちらも知っているように、その性質に関して異なる理論を提唱している別の宇宙論者もいます。定常状態理論はいまやほとんど放棄されていますが、別の可能性としては、全宇宙が始まりも終わりもなく膨張と収縮を繰り返し続けているという説もあります。ですから、どのような方法であるにせよ、宇宙を記述することがこれを説明することにはなりません。いくら宇宙の様子を描こうとも、いつもなぜ存在がこの特定の形をとったのかという疑問は残ってしまいます。要するに、それは根本的な神秘ではないのでしょうか。

デイビッド　本当にさまざまな理論がありますね。ですから、どの理論が正しいのか、あるいは別に出てくる理論が正しいのか、実はよくわからないという意味では、確かに神秘な部分がありま す。けれども、これは科学が進歩していくときの常道なのです。遅かれ早かれ、宇宙科学者たちは、既存の理論であれ、まったく新しい理論であれ、一つの理論が他のどの理論よりも自分たちの観察結果に一層うまく適合し、また、事実上、それが宇宙のとりうる唯一の形であることを確定することになるでしょう。そうすれば、なぜ宇宙が今あるような特定の性質を備えているのかがわかるようになります。要は、科学が進歩するにつれて、徐々に疑問が解けていくということです。現在は神秘であるものも、その時が来れば神秘でなくなるのです。

ジョン　繰り返しになりますが、それはあなたの仮説です。逆に私は、科学と宗教の領域はけっして衝突するものではないと考えます。科学は、物理的宇宙が何からできているのか、どのように動くのか、ということを次々に明らかにしていきます。けれども、その宇宙が今ある形でなぜ存在するのかということは明らかにしません。それは常に、自然科学の観点からすれば、神秘だからでしょう。神秘というものは、物理、化学、天文学、そのほかの何であれ、科学者たちが研究をするときにはいともたやすく無視されてしまいます。神秘は科学者たちの権限外なのです。ウィトゲンシュタインの有名な言葉でいうなら、「たとえすべて可能な科学的な問いが答えられたとしても、人生の問いにはまったく手が付けられないままになっているように感じる」[8]ものなのです。

デイビッド　私は、それとは逆に、あらゆる神秘は科学の進歩によって、次々と解明されていくものと信じています。神の居場所はますます少なくなっていきます。宇宙が人間の住む家として創造され、これを全能なる神が「善かれかしと統べおさめ、祈りに応えて奇跡的に介入される」という考えは、事実上、そう単純に信じられるものではありません。ところで、あなたは本当に神の存在が証明できるとお考えなのですか。

ジョン それについては、次に話し合うことにしましょう。

第2章　神の存在は証明できるか？

デイビッド　あなたは、神の存在は証明できると思いますか。

ジョン　いいえ、いわゆる有神論的な存在証明で成功しているものは一つもないと思います。ほぼすべての哲学者が、今ではそう思っています。とは言っても、神の存在証明は人間の推理能力のすばらしい産物ですから、ここで少しは検討してみる価値があると思います。

デイビッド　ご存知のように私は哲学者ではありませんので、まずは哲学者による神の存在証明についてご教示願います。

ジョン　承知しました。哲学的にもっとも興味深いものは存在論的証明だと思います。

この証明は中世のアンセルムス（一〇三三―一一〇九）に始まりました。もっとも、学者のなかにはその論証の核となる部分は、すでにプラトンとアウグスティヌスに見られると考える人もいます。けれども、この論証を明瞭かつ十全に示したアンセルムスから始めることにしましょう。アンセルムスはカンタベリーの大司教となった人で、十字軍に反対した善良な人でした。アンセルムスは優秀な思想家で、なかでも「AB of C」になった人で、もっとも優秀な人物でした。

デイビッド　「AB of C」って何のことですか。

ジョン　おっと、失礼。これは私なりの略語で、「カンタベリーの大司教」（Archbishop of Canterbury）のことです。[1]アンセルムスは、神とは「より大なるものがほかには何も考えられないもの」であると言いました。ここでアンセルムスは「より大」という言葉で、「より完全」を意味しています。もし「より大なるものがほかには何も考えられないもの」が心のなかだけに存在すると考えるなら、それは「より大なるものがほかには何も考えられないもの」でなくなります。というのも、もし「より大なるものがほかには何も考えられないもの」が心のなかだけでなく、現実にも存在するとすれば、それは心のなかだけに存在しているそのものよりも大なる（より完全なる）ものになりますからね。ですから、「より大なるものがほかには何も考えられないもの」は心のなかだけでなく、現実にも存在しなければならないことになります。言い換えると、「存在する」は「存在しない」よりも良いことであり、それゆえ「考えられるもののなかで最良のもの」は存在しなくてはならないのです。さもなければ、それは「考えられるもののなかで最良」ではなくなるからです。以上が存在論的証明として知られるようになった論証の道筋です。一読すると、言葉のトリックのように思えてしまいますね。それで、当時、すでにガウニロという修道僧がこれに反論を加えましたが、決定的にこれが論駁されたのは、その何世紀もあとのことでした。

デイビッド　最終的に論駁したのは誰でしたか。

ジョン　一七八一年『純粋理性批判』初版を著した、近世最大の哲学者であるカントでした。アンセルムスは、「存在」は言及されている当のものが持つことのできたり、欠くことのできたりする属性であると理解しました。そのため、「より完全なものがほかには何も考えられないもの」が現実に存在するという属性を持っているか、それともその属性を欠いて心のなかだけに存在するか、そのどちらかである、という議論に理解されました。けれども、考えられるもののなかでもっとも完全なものは「存在」という属性を含まなくてはなりません。ところが、カントは「存在は属性ではない」ことを示したのです。たとえば馬について、馬の観念は「存在」という属性を持っているので、馬は存在するのだというとき、実際には、馬の観念が例解されているので、馬の実例がこの現実世界にはあるのだということが述べられているのです。そのため、もし「より完全なものがほかには何も考えられないもの」の十全な観念でいえば、「そのものは例解されるか」と、なおも問うことができるのです。何ものかの定義のなかに「存在」が含まれているという単なる事実によっては、その実例がこの現実にあるということの保証には直結しないのです。

デイビッド　その批判は正しいように思えます。

ジョン　ええ、多くの哲学者たちと同じように、私も長らく、この論証にたいするカントの批判と、それにバートランド・ラッセルによるさらに近年の手法からの同様の指摘との両方を受け入れてきました。また、ついでに言えば、チャールズ・ハーツホーンとノーマン・マルコムによって展開された、アンセルムスのこの論証の第二形式に関しても、私は独自の批判を持っています[2]。けれども、この点については、今は立ち入る必要はないでしょう。

デイビッド　わかりました。では、ほかに、神の存在に関する哲学的論証にはどんなものがあるのでしょうか。

ジョン　次はトマス・アクィナス（一二二五―一二七四）の出番ですね。トマスは「第一原因」という考えを論じました。これは、存在するようになったものにはすべて初めに原因があるという考えで、たとえば宇宙は存在する。けれども、その原因は宇宙以外の何ものかでなければならない。そして、その原因が、まさしく私たちが「神」という言葉で意味するものだ、と主張しました。

デイビッド　それをあなたは納得されているのですか。

ジョン　いいえ。私には、宇宙に原因がなければならないとする理由がわかりません。宇宙そのものがそれ自体として究極的実在「である」のかも知れません。何かが究極的実在でなくてはならないのですが、それが神である必要はありません――宇宙そのものであるとも考えられます。そして、繰り返しになりますが、たとえ宇宙に原因があるとしても、それが宗教的な意味の神でないことも、当然ありうることです――それは非人格で、まったく意識を持たない「力」であるのかも知れません。

デイビッド　ええ、それにも同感です。

ジョン　それから、デザイン論も、「人間原理」の現代的な形としてみれば、これと似たり寄ったりのものです。「デザイン論」というのは、ビッグバンが銀河系、太陽、惑星、生命、私たち人間等々を生み出すために必要とした基本定数によって、インテリジェント・デザインは構成される、という主張です。この基本定数なるものに関しては、天文学者のマーティン・リースの言葉を引用しましょう。

初期宇宙が完全に均質であったということはありえない。もしも均質だったなら、今日の宇宙に水素とヘリウムのガスはほとんど存在せず、あらゆる場所が一立方メートルあたり原子一個以下の密度になっていたはずである。宇宙は冷え切った退屈な場所で、銀河もなければもちろん星もなく、周期表もなければ複雑さもなく、当然、人間もいなかっただろう。しかし、宇宙が膨張する過程では重力が「濃淡を増幅」するため、はじめにほんのわずかでも不均質な部分があれば状況はがらりと変わる。この不均質さの程度を表すのが、Qという簡単な数である。Qは密度のゆらぎの山と谷のエネルギー差であり、物質の全エネルギーに対する比で表される。Qは宇宙でもっとも大きな構造がどのくらいのスケールになるかを決定する。Qの値が大きければ、濃淡の大きな宇宙ができる。コンピューター・モデルで調べたところ、今日の銀河や銀河団を説明するためには、Qはおよそ〇・〇〇〇〇一でなければならないことが示唆された。……もしもQが○・○○○○一よりも大幅に小さければ、銀河の「生態系」は形成されなかっただろう。物質が凝集するのに時間がかかりすぎ、重力は弱すぎてガスは逃げ出してしまったはずである。きわめて均質な宇宙では、……光が灯ることも、構造が生じることも永遠にない。一方、Qが○・○○○○一よりもずっと大きい不均質な宇宙は荒々しい世界になるだろう。そんな宇宙では、早い段階で銀河よりもずっと大きな塊ができる。それらが分裂して星になることはない。それどころか……巨大なブラックホールができるだろう。(3)

これが一部の人の言う宇宙の微調整ということであり、この微調整をおこなうために神が必要だったと彼等は主張しています。

デイビッド　「微調整」というのは、私には混乱を招く言葉のようにしか思えません。どうしてかというと、すでに微調整をおこなう何ものかが前提されているからです。そっと神が持ち込まれているのです。違いますか。

ジョン　そのとおり、私も賛成です。たとえ「微調整」という言い回しがなくても、この主張は受け入れられません。確かに、宇宙の初期条件に欠かせない精密さは驚くべきものです。そのため、この主張は素晴らしいものですし、この主張に納得する人がたくさんいることも、私は驚きません。けれども、こうしたデータについての別の説明が可能であるため、この主張は弱められてしまうのです。それは無数の宇宙からなる多宇宙論《マルチバース》というものです。これは、無数の宇宙のうち、少なくとも一つがたまたま私たちの基本定数のすべてを備えており、そのためこの宇宙は、私たちがその一部となりうる唯一の宇宙であるという理論です。ところで、マーティン・リースは優れた天文学者なのですが、こんな言い方もしています。「多宇宙という概念はすでに実験科学の領分にある。宇宙がほかにも存在することを示唆する証拠は、すでに得られているのではないだろうか。そして、ほかの宇宙についても、またそれらをもたらすレシピについても、何か言えることがあるのではないだろうか。集合の要素が無限にあるとすれば、生命を宿すのに適した宇宙がいくつか存在したところで驚くにはあたらない。われわれを取り巻く宇宙環境が、そんな稀有な部分集合に属しているのは明らかだ[4]」。そして、繰り返しになりますが、たとえ人間原理が受け入れられたとしても、それが宗教でいう神へと先導するものではありません。それは恵み深いどころか、失敗を重ねてきた全能者による実験、あるいはデイビッド・ヒュームが言うように、創造の業を学び始めたばかりの未熟な神による実験であったのかも知れません。

デイビッド　そのことについては、私たちはともに同意しているようですね。このほかにも、神の存在証明の主張はあるのでしょうか。

ジョン　友人のリチャード・スウィンバーンによる哲学的にきわめて緻密な主張を取り上げてみたいと思います。これはデザイン論に似たところがあります。三〇年もまえでしたが、スウィンバーンはこれを『神の存在』[5]という著書のなかで初めて発表しました。けれども、最近になって

『神は存在するか』[6]という、さらに短い著書のなかで論点を要約し、再構築しました。彼にとって神という言葉は「永遠に全知全能、宇宙の創造主にして維持者、完全に善きものにして道徳上の義務の源泉」（原著18頁）を意味しており、神には本来的にこうした性質がすべて備わっているのです。つまり、こうした属性のどれか一つでも欠けるなら、神ではないのです。さらに神は「人格的存在、つまり、ある意味でペ丶ル丶ソ丶ナ丶」なのです（同4頁）。また、神は道徳的存在として責務と義務を負うものだと彼は考えます。というのも「道徳的真理のなかには、神の意志とはまったく独立した道徳的真理というものがある」（同15頁）からなのです。

私たちはなぜそのような存在を信じなくてはならないのでしょうか。スウィンバーンによると、宇宙の存在には説明が必要とされる。というのも「何であれ、とにかく何かが存在するということは尋常なことではないからだ。物事のもっとも自然な状態は、間違いなく何も無いこと、つまり宇宙も、神も、何も無いということだ」（同48–49頁）と言うのです。けれども、物が在る以上、その事実には説明が求められるのです。そして、

その究極的な説明の理論は、観察可能な現象を予測するもっとも単純な理論であるが、それは他に観察可能な現象を見出すことが期待できそうにない場合に、もっとも真実味が感じられるもののようである。……有神論による主張は、存在するものは全て唯一の実体である神によって引き起こされ、その存在が維持されているということだ。……この主張は多くの原

因を想定しない折紙つきの単純な説明である。この観点からすると、ただ一つの原因を想定する説明ほど単純な説明は他にありえないことになるだろう。（同41、43頁）

言い換えると、宇宙の存在など、とても予測のつくものではないでしょうが、後にスウィンバーンが主張するように、有神論では神が、それも善なる神が宇宙を創造したであろうという筋道で、この宇宙の存在を予測しているのです。

さらに、スウィンバーンは、世界のほとんど信じがたいほどの複雑さと、それにもかかわらず、その動きに一様性があることを指摘します。たとえば、重力の法則はどこでも当てはまります。けれども、宇宙の「微調整」もあります。それは秩序と生命を生み出すことになったに違いない、とても正確な初期状態が存在するからです。事実「十八世紀の多くの著述家たちは、そのような美しい有機体が偶然に生み出されたと考える理由はなく、一方で神にはそうすることができたし、また創造された動物と人間によかれと、……そうする理由がたくさんあったのだと論じた。著述家たちは、ここにおいて、そうした美しい被造物の存在が神の存在の十分な証拠なのだと主張した。私が信じるところでは」と、スウィンバーンは「この主張は正しい」と付言して（同56‐57頁）、以下のように結論づけています。

有神論の単純な仮説にもとづき、私たちはある程度の合理な可能性をもってここまで記述してきた現象のすべてを想定することができる。神は全能であるから、こうした点において世界を秩序正しく生み出すことができるのだ。そして神にはそうすることを選ぶ十分な理由もある。それは、人間を含む世界はよいものであるということだ。人々は経験と思想を抱いており、選択することができ、その選択により自分たち自身と他の者たち、さらに生気のない世界を大きく変えることができるのだ。神は完全に、善にして寛大である。神は……分かち合うことを望んでおられる。（同52頁）

スウィンバーンの著書には（また、彼による他の多くの著書のなかには）さらに多くのことが書かれています。彼は悪の問題にも取り組んでいますし、また神の存在によって奇跡、啓示、宗教体験などがどのように説明できるかについても明らかにしています。

デイビッド　それは説得的なものになっていますか。

ジョン　いいえ、そうは思いません。

デイビッド　なぜでしょう。私が考えている理由と同じでしょうかね。

ジョン　どうですかね。まず、スウィンバーンは「彼（神）は万事を説明する究極の厳然たる事実である」（同19頁）と述べています。そして、もしスウィンバーンが描くような神がいるのであれば、確かにその存在によって万事が説明されると言ってもいいでしょう。けれども、痛みや苦しみ、それから邪悪といった形での悪の事実は例外にされています。ですから、これはあとで私たち自身が取り上げて議論しなければならない大事な課題となっています。ところで、物理的宇宙の特性によって宇宙内にあるすべてのものが説明されるにもかかわらず、なぜそれ自体は究極の厳然たる事実のままでなくてはならないのでしょうか。というのも、創造主を立てることが、宇宙について考えることのできるもっとも単純な説明であるわけでもないのですから……。さらにずっと単純な説明は、物理的宇宙は創造されることなく永遠に存在する——つまり、宇宙自体が究極の厳然たる事実であるというものです。

デイビッド　そうです、そういうことは私の反論と同じです。つまりはですね、神の存在に関する確実な哲学的証明はないということを私たちはともに受け入れているわけですね。

ジョン　神の存在証明については、このほかにも試論や論証はありますが、そのどれもが非力で、この場で検討するには値しないように思われます。

デイビッド　ということは、もうあなたには神を信じる理由は何も残されていないということですね。だったら、私のようにきっぱりと、あなたも無神論者になるべきですよ！

ジョン　そうなってもいいのですが、それは、これまで議論してきた類の神が私の信じる類の神であるなら、そうしますよ。それで今度は、神という言葉で何が意味されているのか、考えることにしましょう。

第3章　神という言葉で意味するものは？

ジョン　まずは、あなたが無神論者として信じないとするのはどのような神か、お聞かせ願います。

デイビッド　ほぼ、みんなが神という言葉で意味しているものと変わりありません。万事を知り尽くし、限りなく賢く、善にして愛にあふれ、宇宙の創造主にして支配者であり、自発的に、あるいは祈りへの応答として、ときに地上の出来事に介入してくる全能の存在です。これは聖書に詳しく語られているとおりです。けれども、そのような存在があるとは、私はまったく信じていません。

ジョン　私も信じていませんが……。

デイビッド　えっ！　信じていないのですか？　と、いうことは、あなたもヒューマニストの陣営に転向されたのですか。

ジョン　いいえ、全然違います。私が超越者とか、究極的な実在と呼ぶものは、あなたが思い描くような神ではありません。それには二つの理由があります。一つは宗教的な理由、もう一つは哲学的な理由からです。

デイビッド　哲学的な理由とは何でしょう。

ジョン　全知全能という概念が論理的に可能かどうかには膨大な哲学論争があります。たとえば全能なる人格とはいえ、そもそも自分では持ち上げることのできないくらい重いものを作ることができるかどうか、また、全知なる人格とはいえ、自由な存在者がおこなう未来の決断までも含んだあらゆる事項を知ることができるかどうか、こうした難問に関する議論があります。けれども、こうした難問に先だって、まずはそもそも無限の人格という観念が意味をなすものかどうかという問いに焦点を合わせてみたいのです。私たち自身は人格を持つ存在ですから、人格とは何であるかを知っています。そして人格を持つということは、それぞれが自分自身の境界線を持ち、他人とは異なる、ある特定の人格を持っているということです。たとえば二人のひとが人格として互いに影響し合うのは、それぞれが自分自身の個人的な境界線を持っているからこそ可能なのです。そうでなければ、この二人は異なる二人の人格ではなくなってしまうでしょう。言い換えれば、人格性とは本質的に有限であるということなのです。

デイビッド　ええ、かつて私も本質的にそれと同じことを、ある神学者に問い掛けたことがあるのですが、神は一なる人格（*a* person）ではなく、人格的（personal）なのだという答えが返ってきました。

ジョン　ええ、承知しています。私自身もそういうことを聞いたり、読んだりしてきました。でも、それは単に問題を避けているに過ぎないということには、あなたも同意してくれるでしょう。人格的ではあっても、一人格ではないとは、一体どういうことなのでしょうか。

デイビッド　本当にどういうことでしょうね。ですが、神学者たちの言わんとすることは、この私にも想像できます。つまり、神が人格的でないとしたら、そのものは私たち自身よりも低次の、準人格的なものであるに違いない、ということになるのでしょう。

ジョン　ええ、それも聞いたことがあります。けれども、私が超越者と呼んでいるものは、人格、非人格、そして準人格も含めて、私たち人間のあらゆる概念を超えたものだという意味です。このことについては、後ほどまたお話しする機会があるでしょう。

デイビッド　わかりました。後ほどまた考えることにしましょう。それでは、標準的な神の概念をあなたが拒否されるということの宗教的な理由は、一体何なのでしょうか。

ジョン　標準的な神概念の宗教的な価値は、私たちが全能なる神との人格関係を持つことができるとするものです。その上で、私たちの個人的な問題に関して、また世界のずっと大きな問題に関して、私たちは初めて神の助力を求めることができるというのです。神は「困ったときの現実的な助け」になることができるのです。言い換えると、神は自分で決めさえすれば、祈りに答えることができるし、また答えてもくださると思われているのです。教会のなかで私たちは、支配者たちには知恵を、アフリカやそのほかの国で飢えている人々には地上の平和を、迫害され虐げられている人々には正義をと、世界の問題について次々に祈ります。そして、人々が何らかの深刻な危険から逃れたり、何らかの素晴らしい幸運を体験したりすると、そのことを神に感謝します。もちろん多くの場合、それはただの決まり文句にすぎません。けれども、多くの本当に敬虔な人々はそれを文字どおりに捉えているのです。問題点を明らかにするために、例を挙げましょう。たとえば路上で自動車の衝突事故があり、車内にいた四人のうちの三人は死亡したものの、一人は「奇跡的に」無傷で助かったとしましょう。すると、その生存者は自分だけが救われたことを心から神に感謝するでしょう。そして当人は、自分が発した感謝の言葉を文字どおりに捉えていたとしましょう。けれども、もし地上の出来事に奇跡的に介入することが、言わば神の視点からこの生存者である女性には許されていたとするなら、彼女は、自分は救われても他の三人はいかいない救われないように、あらかじめ神は決めていたに違いないということを忘れていたことになるでしょう。もし、そうだとすると、神の普遍的な愛というものはどういうことになるのでしょうか。なぜ神は世界中の悲惨な出来事を防ごうとはされないのでしょうか。なぜ神はそれほどまでに選別的であろうとされるのでしょうか。神と悪についての古来よりの難問が、ここで、このように表面化するのです。

デイビッド　そうです、そうです。まったくそのとおりです。宗教を信じる友人たちと議論するとき、私自身もしばしば同じことを言ってきました。祈りは、つまり神にあれこれ願うと神にかなえてもらえるという意味での祈りは、あまりにも合理的にすぎて、愛なる神には意味をなしません。執り成しの祈りのほうは、つまり自分のため、あるいは他人のために執り成す祈りというものは、恣意的な神を要求するものです。

ジョン　まあ、それは、祈りというものの意味次第ということを別にすれば、ですが……。

デイビッド　どういうことでしょう。

ジョン　無意識のレベルでは、私たちは皆、共通のネットワークにつながっていると思います。このネットワークをとおして、私たちはいつでも自分の思考によって、またそれ以上に自分の感情によって、互いに影響を与え合う可能性があるのです。ここで「可能性がある」と言ったのは、私たちの誰にも個人の自律性を守るために遮蔽機能があるからです。この機能がなければ、私たちは絶えず他人の思考や感情によって侵害されてしまうでしょう。このように、他人にたいして敏感である度合いは人それぞれによって違います。けれども、いま話題にしている祈りにおいては――これを、もしあなたが本当に祈りと呼びたいのであればですが――、私たちは自分の思考と関心をかなり具体的に私たちが知っている人――その人は悩んでいる、落ち込んでいる、恐れている、困惑している、または怒りや恨みを抱いている、あるいは実際に病気であることに私たちは気づいている――にたいして向け、さらにその人たちのことを心に思い浮かべ、よりよい状態に変えられる姿を前向きに考えているのです。同情、慈愛、幸せへの願いによって強められた私たちの思考が、実際に、彼等にたいしてポジティブな効果をもたらすものだと私は強く感じています。もちろん、これといってネガティブな状況にあるわけではない人々を元気づけたり、励ましたりする場合も、同様です。これは、仏教徒たちが他者のための慈悲の瞑想と呼んでいるものなのです。

デイビッド　でも、これは実際に効果があるのですか。

ジョン　ええ、時には効果があるように見えます。

デイビッド　からだに病気があるときも、ですか。

ジョン　ええ、その病気に心身相関的な要因があれば、ですが……。そのような要因があるのは、そんなに珍しいことではありません。その場合、私たちの思念が具合の悪いその人の心に働きかけて、今度はその心がからだに働きかける、というわけです。

デイビッド　そういうことは全部ありえないとは言いませんが、心から心への因果関係、つまり超感受的知覚（ＥＳＰ）やテレパシーなどというものが本当にあるのかどうか、私には極めて疑わしいものに思えます。ともあれ、あなた自身の宗教の話題に戻せば、その内容はとても複雑で、一般に人々が教会で教わるものとはかなり開きがあることは、この私にもよくわかります。

ジョン　ええ、そのとおりです。

デイビッド　特にあなたが、神は存在するとは信じないとおっしゃるときのことですが……。

ジョン　実のところ、ある意味では、神は存在すると私は信じています。というよりも、むしろ小文字のｇで始まるｇｏｄｓ（神々）は存在するのではないかと考えています。つまり、私たちが個人的な関係を結ぶことのできる一層高次の人格的な存在はあるのではないかと考えています。

これは、キリスト教の伝統では天使（angels）と呼び、ヒンドゥー教では神々（gods）、仏教では天部（devas）と呼んでいるものです。こうした存在は力量においてであれ、知識においてであれ、ほかの何においてであれ、無限ではありません。宇宙の創造主でもありません。けれども、私たちが祈りのなかで向き合うことができ、また私たちに影響を及ぼすことのできる、私たち自身よりも高次の存在です。

デイビッド　「よりも高次の」ですか。

ジョン　そうです。私たちよりも霊的に成熟しているという意味です。つまり、究極的な実在をより強く意識して生きている存在です。

デイビッド　けれども、そのように想定される一層高次の存在者たちが、どのようにして私たちに影響を与えるとお考えなのですか。

ジョン　先程お話しした心霊的なネットワーク、つまりメンタルなネットワークをとおしてです。

デイビッド　つまり、キリスト教の用語でいうところの天使たちは存在するが、大文字のGで始まるＧｏｄ（唯一神）は存在しないという考えなのですか。

ジョン　キリスト教の用語でいえば、そういうことになります。けれども、それではまだ話の半分にも達していません。

デイビッド　それでは、大文字のGで始まるＧｏｄ（唯一神）、つまりユダヤ教の神、キリスト教の神、イスラームの神、そのほかでいう神は、本当は有限の天使的存在者のことだというお考えなのですか。

ジョン　事態はもっと複雑です。一方では、こんなふうに考えています。祈りの場か、何か別の状況のなかで、誰かが、人々の受けとめている神——全知全能というあらゆる伝統的な属性を備えた存在——との「我-汝」の関係にあると意識するときには、おそらくその人は、本当に何者かとの関係に入ることになるでしょうが、その何者かというのはデーヴァ——白い衣を着て羽をつけた天使たちのイメージを払拭するために、東洋の言葉を使って言えば、天部——のことだと思うのです。

デイビッド　それでは、あなたよりもずっと正統的なクリスチャンのお仲間たちには、どのようにその主張を擁護なさるのですか。

ジョン　そうですね、……全知全能で、無限に善にして愛なるものとの人格関係にあるという自意識は、論理的には主張のできないものだということを指摘しますね。

デイビッド　なぜできないのですか。

ジョン　なぜって、自分との人格関係にあるものが、すべてにおいて何々だということは、知ることのできないことだからですよ。確かに、彼なり彼女なりがとても強くて、とても物知りで、とても善にして愛に満ちあふれていることは経験できることでしょうが、無限にそうであることはけっして経験できません。無限とは、いかなる経験をも超え出た先のものです。ここに天秤があり、その片側だけを見ることができ、一〇ポンドの重りをその見える方の皿に置いて、反対の皿に置かれた物の方が重かった場合、置かれた物が一〇ポンドより重いことはわかっても、それが無限に重いかどうかを知ることは絶対にできないと言ったのは、あのデイビッド・ヒュームでした。

デイビッド　ええ、ヒュームの言ったことが正しいことは、もちろん、明らかです。そうすると、聖人や聖母マリアが有限な存在であることを知った上で、それでもなお彼等に向かって祈るカトリック教徒たちは、それでも完全に理にかなった振る舞いをしていることになるのでしょうか。

ジョン　ええ、そういうことになるでしょうね——そういう疑問は抱いたことがありませんが……。そのようなカトリック教徒たちは、おそらく自分の村の守護神に祈っているヒンドゥー教徒たちと境遇を共にしているようなものでしょうね。

デイビッド　そして私たちは皆、自分なりの守護天使を持っているといってもよいのでしょうか。

ジョン　私の知る限りでは、ええ、そのとおりです。ですが、もちろん、この私にはよくわかりません。

デイビッド　まあ、いいでしょう。それでは少し前に戻りますが、あなたは、礼拝者たちは何者かとの本当の人格関係に入ることに「なるのでしょう」と言われましたね。そのなるのでしょうを成り立たせる主力は、何なのでしょうか。

ジョン　人々が神と呼んでいる高次の存在者に話しかけていると思われる場合には、いつでもその人たちは何らかの実在者と接触しているものだ、などと性急に断じるつもりはありません。幻覚は非宗教的にも、宗教的にも付いてまわるものだからです。

デイビッド　ええ、そうでしょう。ならば、もっと別の印象的な事例も、これと同じように妄想なのではないかという疑問がわいてきます。けれども、そのまえに、あなたにとって一神教の神の地位は何であるのか知りたいと思います。彼なり彼女なりは、無限で究極的であるふりをしているデーヴァの一員なのでしょうか。

ジョン　いいえ、違います。初めに、一神教の唯一なる神については、私たちは語ることはできません。なぜならユダヤ教、キリスト教、イスラームにおいて礼拝されている神は、それぞれ記述のしかたに違いがあるからです。ヘブライ語の聖書の神——ユダヤ教徒の礼拝で使用されている「わが主」を意味するアドナイという名を使うことにしましょう——はユダヤの民との分かちがたい契約関係のなかで存在しています。アドナイはユダヤの民の歴史の一部であり、ユダヤの民はアドナイの歴史の一部です。そしてヘブライ語の聖書に示されているように、アドナイはユダヤの民の歴史のなかで変容します。ユダヤの民を戦いと征服の最中で教導しつつ、激しく戦う特定の部族神から、その民の行為に応じて罰したり報酬を与えたりする道徳神となり、そして最後に天地を治める普遍神へと展開するのです。同様にキリスト教の神は、イエスが信者たちに礼拝するように説いた天の父として始まりますが、教会の思想のなかで、一にして三、三にして一という父・子・聖霊の三位一体へと発展しました。したがって、キリスト教会の神はトリニテリアン（三位一体神）であるのに対して、ユダヤ教の神はユニテリアン（唯一神）なのです。あなたも、おそらくご存知のとおり、アラビア語で神を意味するイスラームのアッラーもユニテリアン（唯一神）です。けれども、クルアーン（イスラームの聖典）のアッラーには、地上においてユダヤ教のアドナイとは異なった歴史物語があります。アブラハムやモーセなど、トーラーに出てくる偉大な人物の多くがクルアーンにおいても偉大な預言者であるという点で、二つの物語は重なり合っています。けれども同時に、アッラーは、交戦中にイスラーム社会は助けても、ユダヤ人社会は助けません。したがって、アドナイ（すなわちヤハウェ）、三位一体神、そしてアッラーは、単に同じ神の三つの異なる名前ということではないのです。それらは記述のしかたにおいて異なる神々の名前であり、それぞれが天地の創造主であり支配者であると言われているのです。というわけで、一神教の唯、一、なる神などというものは存在せず、三つの異なる、そして同時に重なり合った一神教が存在しているのです。

デイビッド　まさにそのとおりですね。そうすると、あなたの考えでは少なくとも三体の一神教の神があって、さらにインドやアフリカ、その他の地域的、部族的な何千もの神々のすべてを含めると、さらに多くの神があるということになりますね。さらに一神教の神々だけでなく、仏教などいくつかの東洋の宗教における非人格的な絶対的存在もあるということになりますね。それぞれの信徒たちは、自分たちのものこそ本当の究極的実在であると主張しています。けれども明らかに、せいぜいそのなかの一つしか本当の究極的実在になれないのですから、一つを支持することは、暗に他のすべてを否定することになります。ですから、それぞれが、それ以外のすべての信者たちによる大多数の票によって否定されるというわけです。つまりは、われらの友デイビッド・ヒュームが述べているように、もし、互いに矛盾する証言を聞かされる場合には、裁判官はそのすべてを無視するということになるのでしょうね。(1) そして、このことこそが、私が諸宗教の証言にたいしておこなっていることなのです。それぞれが互いに矛盾したことを言っているので、私はそのすべてを退けるのです。

ジョン　伝統的な神の概念のことを思うと、あなたの考えには、反対はしません。けれども、私が主張している宗教哲学のまったく異なった枠組みのなかでは、状況全体は変わってきます。

デイビッド　そのことが私のたどり着きたい要点です。けれども、これ以上、さきに進むまえに、もうその中心となる芯柱は超越者の実在性であることは明らかですし、それに今日では超越性抜きの宗教を主張することで、その議論全体を切り捨ててしまうキリスト教の思想家たちもいることは、あなたもよくご存知のことと思います。そこで彼等の言っている要点に目を向けてみたらどうかと思うのですが、よろしいでしょうか。

ジョン　ええ、もちろんです。

第4章　超越性抜きの宗教とは？

デイビッド　私は、基本的には宗教的世界観を保持しながらも、まったく超越性抜きで宗教は事足りうるものだという考えに興味を抱いています。もし、あなたのような人々がこういう考えを受け入れることができるとするなら、私たちが議論することも、また見解の相違を認め合うことも必要でなくなるでしょう。私の友人で、時にはケンブリッジ、時にはスウォンジーで見かけることのあったドンウィは、そうした立場の提唱者で、注目に値する人物です。そのドンウィに、このあたりのことを説明してもらいましょう。

ジョン　そうしましょう。どうぞ進めてください、ドンウィ。

ドンウィ(1)　承知しました。このところ、私を含むますます多くのクリスチャンたちが、宗教は完全にこの世のこと、この今をどのように生きたらいいかということに尽きると見ています。超越的な神の実在など信じる必要はありません。この世とこの世の生活に私たちは満足しています。人々が宇宙を創造した無限の愛すべきお方という意味で神について話すとき、そこで本当に言われていることは、私たち——たとえば「信仰の海」[訳注1]運動に加わっている人たちも含んで——によれば、愛と善に関する私たち自身の人間的な理想と、この理想に向けて私たちを突き動かす諸々の要求のことなのです。人格神というのは、実は私たちの人間的な理想を投影した擬人化なのです。それは「スピリチュアリティから発する要求のすべてを雄弁に擬人化し表象化する、統合的なシンボル」[2]なのです。そのわけは、宗教が存在するという高貴にして要求の厳しい理想を私たちが抱いているからなのです。けれども「『神』という言葉は、宗教の実践から懸け離れて存在するような実体などに言及するのではありません」[3]。また神による創造に関して言えば、「創造などという話は信仰によって捏造されたような内容を表現していて」[4]、この宇宙を本当に存在させるようにした話とはまったく関係がないようです。実際のところ、ありとあらゆる宗教の言葉は——キリスト教や、そのほかの有神論の言葉だけでなく、仏教やヒンドゥー教の言葉でさえも——非実在論的なしかたで受け止められるべきです。そうすれば、科学と宗教のあいだに問題は生じないでしょう。

ジョン　そうですね。そして、多くの人々がこの非実在論の立場をとっていることを、もちろん私も知っていますよ。

デイビッド　この点に関してちょっと口を差し挟ませてもらいますが、実在論と非実在論の意味する内容がこの私にもはっきりわかるように、お二人から説明してもらえませんか。

ジョン　いいですとも。宗教の議論におけるこの文脈では、実在論のほうは何らかの超越的な実在があり、この実在について宗教は語っているということを主張します。これに対して非実在論および反実在論——単に攻撃的であるだけの非実在論——のほうは共に、この主張を否定しています。そうですね、ドンウィ。

ドンウィ　ええ、そのとおりです。

ジョン　では、次に進みますが、この非実在論は、事実上、十九世紀初期のルートヴィヒ・フォイエルバッハによる考えの現代版です。フォイエルバッハは「宗教的無神論[5]」を論じましたが、それによると「神的本質とは、人間の本質以外の何ものでもない。あるいは一層よく言えば、神的本質とは、人間の本質が個々の人間（すなわち現実的・肉体的な人間）の制限から引き離されて対象化されたものである。言い換えれば、神的本質とは、人間の本質が個人から区別されて、他の独自の本質（存在者）として直観され尊敬されたものである[6]」。それゆえに「神の愛とは、ただ人間の愛が対象化されて首肯されたものでしかない[7]」というのです。

それとは対照的に、私は宗教というものを、もちろん道徳のばあいも同じようにですが、宇宙の仕組みという考え——実在の総体のことで、何も物理的視点だけにとどまらない——を含み持つものだと見ています。そして私が、偉大なる諸伝統の宇宙的な楽観論と呼んでいるものの基盤となっているもの、それがこの仕組みなのです。

ドンウィ　つまり、天上に存在するものに導くような、何かある種の死後のいのちといったものを含めて、そう言っているのですか。

ジョン　ええ、そうなのですが、天国とか地獄といった伝統的なキリスト教の考えは、私は受け入れていません。この点については、後ほど話し合うことにしましょう。

ドンウィ　私にとっては、永遠のいのち（eternal life）の本当の意味は、いま私たちに可能ないのちのことではありません。「永遠の」質（'eternal' *quality* of life）のことであって、どこまでも続く死後のいのちのことではありません。「永遠とはこの現在のいのちの延長のことではなく、これを判断する一つの様式である。永遠とはさらなるいのちのことではなく、ある種の道徳的、宗教的な思考様式のもとで見た、まさにこのいのちのことなのだ」(8)。この世のいのちを超えた、さらなるいのちのもとで、最終的に悪から善がもたらされるというアイデア、たとえばジョンがよく口にするこの手のアイデアは、どれも単なる慰めの妄想でしかありません。これを例証する聖書のことばを引用することができますよ。「永遠のいのちとは、唯一のまことの神であるあなたと、あなたの遣わされたイエス・キリストを知ることです」（ヨハネによる福音書一七章三節〔訳注2〕）。この聖句は、現在の私たちがもっとも高い理想の要請のもとで、いま、まさに生きているということを教えてくれています。

ジョン　一つの聖句の引用で大問題が片づけられるとは、あなたも私も、本気で信じているとは思えませんね。いずれにしても、この聖句の引用は、あなたが注釈されたように、新約聖書の中心的な考えを代表するものではありません。というのも、イエスの教えには、私たちの現在の行動が死後の未来にまで深く関わるというものが多くあるからです。けれども、確かに、新約聖書から離れて考えてみても、永遠のいのちが「いのちの現在の質」のことであるか、あるいは「死後のいのちの延長」のことであるかのいずれかでなければならないと考えるのは、単純な誤りです。どうしてそれがこの世を超えたあの世のいのちの質に向かう継続的な運動として、両方のものであってはいけないのでしょうか。

ドンウィ　ええ、もしも両方のものがあるとするなら、それはきっと両方のものでありうるのでしょう。けれども、実際にはこの世を超えたいのちの延長などというものはありません。唯一容認できる永遠のいのちとは、いまこの地上でのいのちの質ということでなくてはなりません。そして私たちは、さまざまな方法や程度において、そのすべてを達成することができるのです。

ジョン　あなたのおっしゃるいのちの永遠の質とは、道徳的な善の状態を指して、また私たち人間本性の最高の潜在能力の達成のことを指しておっしゃっている。そうではないですか。このことに関して、あなたはさまざまな程度のことを話しておられますが、いのちの永遠の質として、それ以下のものよりは卓越したものとみなすためには、その善さの程度はかなり高くなくてはなりません。けれども、私たちの皆にこれが達成できるでしょうか。さらに言うなら、私たちのうちの誰か一人にでも、この世でこれが達成できるでしょうか。

ドンウィ　ええ、もちろん達成できますよ。めいめいの心がけ次第です。

ジョン　そのように考えることは、また進んでこれに取り掛かろうとすることは、ここにいる私たち三人のように、これまでずっと生活環境がよかった者には簡単です。暖かな家庭に生まれ、高度に文明化された社会のなかでそこそこの収入が得られ、行き届いた教育制度のおかげで恩恵が与えられてきました。けれども、生後数日で死んでしまう嬰児の場合はどうでしょうか。貧困に打ちひしがれたスラムに生まれ、ギャングの抗争に巻き込まれて刺されたり撃たれたりして、一五歳で死んでしまう少年の場合はどうでしょうか。一六歳でレイプされ絞め殺されたりする少女の場合はどうでしょうか。一日一ドル以下の生活を余儀なくされている何億という人々、その中でも自分や自分の家族に食べ物がなくなって飢え死にするかもしれないという心配に見舞われている人々、また今日では夥《おびただ》しい数にのぼるけれども、エイズやその他の疾病によっていのちが縮められている人々、また国内外の戦争の過酷さのなかで絶えず死の恐怖にさらされている人々、搾取されたり奴隷にされたりしている人々、知的・文化的・社会的な能力を培う教育もなく、またその機会にも恵まれていない人々の場合はどうでしょうか。こういう人々にもいのちの永遠の質は達成できると言うのは、貧困に打ちのめされた社会に住む者でも億万長者になれると言うのと同じくらい、残酷な冗談です。あなたも私も人生という籤引《くじび》きで運がよかったのに対して、同じ人間同士の何億という人々の場合は運が悪かったというのが実情です。そして自然主義の描き方で見れば、そうした人々の開花しなかった能力は永遠に開かずに終わるということになります。ですから、グローバルな視点に立てば、その全体像は実にうら寂しいものになります。

デイビッド　かなり重々しい話になってきましたね。あなたの言われていることの大部分は、かなり本当のことでしょう。けれども、そのために自然主義を悪く言うのは筋違いですよ。もしも神が存在するというなら、その神に文句をつけるべきです。

ジョン　その話は冒頭の議論で明らかにしたように、私自身が共有しない特定の神概念を前提にしています。けれども、あなたのほうは、神が存在するとか、物質的なものを超えて何らかの実在があるということは考えておられない。あるのは物質だけだと信じる物質主義者でいらっしゃる。違いますか。

デイビッド　物理主義（physicalism）と言ってもらいたいですね。

ジョン　わかりました。物理主義ですね。けれども、それは、物理的宇宙のほかには何も存在しないという信念のことをおっしゃっている。そうですね。

デイビッド　ええ、けっこうです。

ジョン　そこで私が言いたいことの要点は、あなたの描く人間の状況は非常に冷酷で陰鬱なものだということです。しかも、それが間違ったことを言ってはいない——この点は特に明確にしておきたい——ということを言い添えておきます。けれども、もし自然主義が真実であるとするなら、それは人類全体にとって極めて悪い知らせであると自覚するようになり、あなたはきっと不幸な気持ちになると思いますよ。

ドンウィ　そうなるとも限りません。そうした諸悪に打ち勝つことは、私たち人類家族のなすべき責務です。ご指摘のほとんどすべては人間が作り出したものであり、人間の手でこれを変えていくことができるでしょう。これは人間であることの挑戦です。答えはけっして臨終の床での空頼みではなく、いま、ここで、実効性のある解決策を見出すように万全を尽くすことです。

ジョン　言うまでもないことですが、世界の諸問題にたいして、いま実質的な解決策を見出そうとすることには大賛成です。けれども、あなたの哲学は、すでに生きて死んでいった何億という人々に関しては、あるいは現におぞましい状況のなかで生きていて、その大部分の状況が将来とも変わらないと見ている何百万もの人々のためには、良い知らせになりそうにありません。人類社会が自分の問題を解決するのは、いつも人類社会自体に課せられてきたことですが、幸いにも現在のほうが過去よりもいくらかは進歩してきたものの、それでも人類のポテンシャル（潜在能力）の著しい荒廃がこれまでにあったし、また現在もあります。それで私の言いたいことは、もしあなたが正しいなら、これまでに生きて死んだすべての人々には希望はまったくなく、また現在生きている人々にもほぼ希望はなく、今後生まれてくる人々には不確かな未来しかないということになります。そのため、本当にグローバルな視野に立つと、人間の状況はこの上なく厳しいものになります。私たちは現在、地球の温暖化、過剰な人口、核戦争の可能性などから発する多くの危険に直面しています。同時にまた、これまでには無かったほどの極貧という事実と、そこに発する由々しい結果にも直面しています。テリー・イーグルトンが書いているように、「ほかの世界のためには何もしてやる必要はないと頑固に言い張る現実主義者たちは、自分たちのことがどのように呼ばれようとも、明らかに新聞には目をとおしていないのだ[9]」ということになります。

ドンウィ　まあ、それが世界のありようだと認めなくてはならないでしょう。

ジョン　おそらく、そうでしょう。けれども、あなたに是が非でもわかってもらいたいことは、自然主義とか、ヒューマニズムとか、物質主義は何とうら寂しい描き方しかできないものか、ということです。あなたには是非とも、たとえばバートランド・ラッセルのように、芯の強いヒューマニストたちの抱くビジョンの率直さと明晰さを見習ってもらいたいと思います。ラッセルのあの有名な言葉を覚えておいでですよう。

〈人間〉は、いろいろな原因がその作用の結果を予見せずに造り出したものであること、人間の起源、その生長、その希望と恐怖、その愛と信念とは、原子の偶然的な配列の結果に過ぎないこと、情熱も、英雄主義も、思想・感情のいかなる激しさも、個々人の生命を定命以上に延ばしえないこと、各時代のあらゆる営み、あらゆる献身、あらゆる霊感、人間の天才の真昼の如き輝かしさ、すべては、太陽系の壮大な死滅とともに消滅する運命を荷《にな》っていること、ならびに、〈人間〉の業績の全殿堂は、不可避的に宇宙の廃墟の瓦礫の下に埋もれなければならないこと、――すべてこれらのことは、全く議論の余地がないわけではないが、ほとんど確実になっているので、いかなる哲学もこれを無視しては存立できない。これらの真理の枠組の内側にのみ、取りつく島もない絶望という堅固な基礎の上にのみ、今後霊魂はその住家を安全に造営することができるのである。(10)

すでにお話ししたように、私たち人間の置かれた状況がこのようにひどくうら寂しいものに描かれてはいても、それは残念なことに、誤りであると言うことはできません。事態はそれほどまでに悪化しうるのです。人間の存在は宇宙の片隅における束の間の出来事でしかないでしょう。宇宙的な規模で見れば、ほんの一瞬のきらめきほどでしかありません。宇宙は私たちなど存在しなかったかのように、いままでどおりにあり続けるでしょう。もし、そうであるなら、私たちの人生は、それがどのような意味であれ、個々にあてはまる意味を自分に持ち込むことになるでしょう。ですから、たとえば人生の籤引きで運を射止めた人々は、まことに豊かで満足すべき意味を与えられたということになります。けれども、こうした哲学を自分たちだけに限って、ほかの何億人という運に恵まれないでいる人々のことを無視するならば、それは「(人のことは知らないが)自分だけは大丈夫だ」という独り善がりなエリート主義というものでしょう。ヒューマニズムの全体にたいするこの恐ろしい意味の含みについては――あなたが自分の立場の自然主義を放棄することなく――しかと承知していてほしいと思います。私はこのエリート主義を、ラッセルやそのほかの何人かの哲学者や科学者のなかには見るのですが、非実在論的な神学者たちのなかにはほとんど見たことがありません。

ドンウィ　「エリート主義」というのは厳しいご指摘ですね。広く世界を見渡したとき、人間の境遇に大きな違いがあることはそのとおりで、異論はありません。あなたが人生の籤引きと言われるように、幸運な人もいれば不運な人もいます。けれども、生まれてすぐに病気や飢餓で死ぬ嬰児にしても、人類史にほんのささやかながらも参加しているのです。また悲惨な条件のもとで生きている人々――なかば餓死状態にある人、他人の利益のために不当に搾取されている人、あるいはエイズというような消耗性の病気に罹っている人など――、こういう人たちでさえ、たとえそれがほんのわずかだとしても、彼等なりに生きること、愛すること、美しいものを愛でることに参加しているのです。極貧のただ中にあってさえ人々がしばしば表す不屈の精神は特筆すべきであり、また極悪の状況にあってさえ人々がしばしば示す相互の気遣いの様子を目にするのは本当に感動的なことです。どのようないのちであれ、それを生きるに値しないと決めつけてはならないと思います。人間が生きるいのちは、あなたがおっしゃるように、たとえその程度が天と地ほどの差があるとしても、すべて善いものなのです。

ジョン　率直に言って、たとえそれが本当だとしても、それによって自然主義の言い分が、人類全体にたいしてひどく悪い知らせにはちがいない、という事実から切り抜けられないと思います。事の真相は、栄養不足、からだの適切な発達のために必要な蛋白質の不足、広範囲に広がる飢餓、抑圧、疾病、暴力的な死により失われる若者のいのち、そうしたものに満ち満ちた世界は、圧倒的な多数にたいするごくわずかな例外を除いて、けっして人類のポテンシャル（潜在能力）を開花させるものではないということです。もし現在のこの生活が、一部の者には幸運で他の大部分にはひどく不運なものであるならば、もしこれが人類史のすべてであるなら、それは喜劇というより、むしろ大いなる悲劇です。

デイビッド　ええ、おそらくこれが真実なのでしょう。確かに、このすべては宇宙についての宗教的理解と同じくらい大きな問題です。ですから、ここであなた自身の哲学に立ち返ることにしましょう。どこから始めましょうか。

第5章　宗教体験

ジョン　どこから始めましょうか。宗教体験で、いわゆる基本的なレベルと言われているところから始めましょうか。

デイビッド　幻を見たり、声を聴いたり、そのようなことを言っているのですか。

ジョン　ええ、そういうことを含めても、まだいろいろありますし、そういうことを除いても、まだいろいろあります。「宗教体験」という用語は、馬鹿げたこと、さらには本当に危険なことにもおよぶ幅広い範囲にわたりますから、なかなか厄介です。けれども、ここでは普通の人の宗教的な体験、または超自然的、さらには神秘的な体験ということで始めさせてもらいます。

デイビッド　普通の人にそのような体験があるのですか。

ジョン　ええ、ありますよ。アメリカやイギリスでの大規模な調査によると、ほぼ三人にひとりの人が、生涯のうちで少なくとも一度は体験しているそうです[1]。こうした調査の結果にたいしてデイビッド・ヘイは、次のようにコメントしています。

イギリスでは三分の一以上の成人がこの種の体験をしたと主張していることがわかった。一般的に言って、四対三の割合で女性のほうが男性よりも多くこの種の体験をしたと述べている。社会的地位が上がるにつれて、より多くの人が宗教体験について語るようになる。また、より多くの教育を受けた者が、より多く自分の体験について語るようだ。より幸せな人々、より年老いた人々のほうが、一層体験を主張するようだ。なかでも、もっとも興味あることは、宗教体験を報告する人々のほうが、そうでない人々よりも幸せな、より良い精神状態にあるようにみえる、という点だ。(2)

そして、もちろん、研究員が注目した人々以外にも、さらに多くの人々がいるかもしれません。というのも、これがアリスター・ハーディ研究センターを中心にしておこなわれた調査だったからです。またその種の体験に遭遇した人たちを探す新聞の告知広告をたまたま読んだ人たちは、全人口のうちのほんの僅かの比率の人々にちがいないからです。ですから、三人にひとりというより、はるかに高い比率になるはずだと推測することも許されるように思います。

デイビッド　私もそう思います。ところで、体験した人の例をいくつか教えてください。

ジョン　それでは、いわゆる頂上体験、あるいは意識の変容状態、あるいはアリスター・ハーディ研究センターの文書にある「現代の宗教体験およびその他の超常体験」の事例を見ることにしましょう。

デイビッド　その「研究センター」というのは何ですか。

ジョン　一九六九年、アリスター・ハーディ卿がオックスフォード大学で動物学の教授をしていたときに、これらの「超常体験」の報告が収集され、設立されました。現在はランピターにあるウェールズ大学に本拠地を置いています。何人もの著述家たちがその収集を利用しています。[3] この研究センターの広告に応じたイギリス人の多くは、プロテスタントの背景を持つ人々でした。ということは、というのも、前景以上に背景のほうが重要になることがしばしばあるからです。「宗教体験」という語句がプロテスタントに特有の語句だからかもしれません。一般的には典礼中心、聖職中心の傾向が強いカトリックにたいし、個人的な響きが強いからです。この点で、大体が問題の言い回しにもよるようです。けれども、アメリカのカトリック社会研究者であるグリーリーとマックレディもまた、宗教体験の形体を報告するなかで、三人にひとりというほぼ同じ比率を発見し、さらに「宗教体験、幸福、他人への関与という三者の関連」にも注目しています。[4]

デイビッド　わかりました。それでは、いくつかの実例を見ることにしましょう。

ジョン　まず始めは、屋外で起き、周囲の環境と一体となって、存在の善さ、「善性」というものを実感する人々のグループの例を見ましょう。たとえば、

海へと続き、小さな原っぱが見渡せる低い崖の上に、私は一人で立っていました。午後の遅

い時間、つまり夕方になりはじめたころ、ツバメであろうか、空で餌を追いかけている鳥たちがいました。突然、私の心はギアチェンジしたかのように、あるいは別の場面に転じたかのように「感じました」。私はまだ鳥たちとまわりの様子を眺めていましたが、ただじっと立って眺めていたのではなく、この私が彼等で、彼等がこの私でした。さらに、この私は海であり、海の音であり、草や空でもありました。すべてのものと私は同一であり、すべてが一体のものでした。最高の安らぎであり、「申し分のない」感じがしました。そして、まったく疑うことなしに、このすべての出来事が道にかない、理にかない、一切のことに調和していることがわかりました。それは建築用材のレンガと隅石がセメントで固められることなく、まさにそこに共に在る弓型のアーチの姿のようでもありました。私は幸せと安らぎに満ち足りていました。すべてが「申し分のない」ものでした。どれくらい続いたのか、よく覚えていません。おそらく一秒か二秒だったのでしょう。(5)

別の例では、

何年か前のある日のこと、私は犬を連れて野原に散歩に出かけました。すると突然、なぜか私の心は身のまわりの美しさについて考え始めました。花やハーブの成長の驚くべき順序とタイミング、目に見えて成長する周囲のものの豊かさなどについて考えました。そして「ここには心がある」という考えがふと心に浮かびました。特異な表現をわかってもらわなくてはならないのですが、そのあと突然、私は、きらきらと黒く輝く実をどっさりつけたキイチゴの茂みに出くわしました。その出会いの衝撃が先程の推理と結びついてか、私は大きな恍惚感に誘われました。ほんの束の間でしたが、私は確かに宇宙との一体感、つまり私たちの認識している創造の力と一体化した感覚を味わいました。それは私自身の外にあるものと内にあるものとが一体化した感じでした。人がそれを何と呼ぼうと、この私は「すべての存在の源」と出会ったにちがいない。口幅ったいことを言うようですが、友人たちには度々このことを話しました。この体験はどうしても忘れられません。それはほんとうに電撃的なものであって、けっして求めて得られるものではありませんでした[6]。

デイビッド ところで、私も、おそらくあなたと同じくらい、しばしば自然の美しさには心を動かされることがあるように思います。けれども、その内部に、あるいはその背後に、神秘的な「現臨」や「霊」が存在すると思う必要は少しも感じません。何もそのような神秘的な方法で考えなくても、人は荘厳な日の出を愛で、光り輝くブラックベリーの茂みを有り難く思うことができます。

ジョン ええ、確かにそうですね。けれども、こうした報告のなかで頻発しているテーマは、宇宙が優しく、友好的であり、根本的には万事がうまくいくという感じであり、それゆえ、安らぎに満ちた感情であり、究極的には何も思い悩むことはないという確信です。アリスター・ハーディ研究センターのファイルを利用してつくったマクスウェルとチューデンの収集版のなかにはたくさんのこうした事例があります〔事例末尾の頁は収集版出典頁〕。

私は何か大いなるものの一部であり、絶対にこの私を超え出ていた。私がこの偉大な総体の一部でしかなかったのだから、この私が抱える問題も私の人生すら、もうまったくどうでもよくなった。私はとてつもない安堵感を味わっていた。（47頁）

私は自分の心の奥底に多くの安らぎと幸せを感じる。（49頁）

この体験はおそらく一、二分続いただけのものだったであろうが、安らぎと喜びに満ちたものだった。私はさらに明るく感じた。（51頁）

あの感じは筆舌に尽くしがたいものだった……この上なく幸せで、高揚した感じだった。（53頁）

その後、私はまったく平然とした気持ちで手術に向き合った。生きるか死ぬかは本当にもうどうでもよいことだと悟ったからだ。すべてが切り抜けられ、すべてが最善であったのだから……。（55頁）

私は確かに人知を超える神の平安を感じた。以来、あの内なる平安を私は失うことはなかった。（94頁）

私は、あの完全な安らぎと確かさに満ちた瞬時のことを片時も忘れることはないだろう。（95頁）

突如、この静かな、安らぎに満ちた感情が訪れた。（147頁）

私はすべてのことに善性を意識するようになった。（151頁）

こうしたことは多くの人々が関与した体験の典型的な例です。そして、こうした例に関してもっとも意義深いことは、アインシュタインが最重要な問いだと述べた、あの「宇宙は友好的か否か」という問いに答えていることです。

デイビッド　ええ、そのような体験をした人々にはきわめて重要なことにちがいないということは、この私にもよくわかります。

ジョン　そうでしょう。別の種類の例では、宗教的な儀式に参与することにより、通常の激しさが和らいだものになるような例もいくつかあります。一般には、あまり人が参与することのないような体験の形に行き着くようですが、ここでは、まずは日常のレベルで見るとして、あなたは私たち人間同士のあいだで気づく善性——優しさや憐みの情に発する行為、深く思い悩む人への同情心、時には我をも忘れて集団に奉仕する勇気ある行動、社会正義の創設に向ける献身的な関与、他者のための英雄的な自己犠牲等々——のなかに、人生の帯びる非物質的な側面を感じないでしょうか。確かに、ここには現実的でありながらも、純粋に物質的な存在を超え出たさまざまな価値に気づかされることでしょう。

デイビッド　確かにそうですね。でも、繰り返しますが、ここには何も宗教的なものは見当たりません。私だって道徳的偉人や善意に発する並外れた行動には深く感動もすれば、鼓舞もされます。そうした偉人や善行は、人間の本性に関して大事なことを明らかにしてくれてはいますが、だからといって宗教的な解釈を要するものではないと思うのです。人間の本性についてそれらが明らかにしている内容は、個人を犠牲にして他人に恩恵をもたらす行為という意味での利他主義の、その進化した価値以外の何ものでもありません。動物の生態にはこの例がたくさんあります。たとえば、

たくさんの鳥の種類のなかには、天敵から巣を守ったり、巣立ちしたばかりのひなに餌を与えたりして「援助してくれる」別の鳥から、こうした子育て支援を受けている親鳥たちがいる。吸血コウモリは、給餌に失敗した仲間にきちんと給血する。こうして飢え死にしないように利他的に保護している。ベルベットモンキーは、仲間の注意を喚起することでかえって自分の身を危険にさらすことになっても、仲間に天敵の存在を知らせる叫び声を発する。(7)

そして、この場合の進化の理由は、というと、血縁選択説によれば、個体がその親族と共通した遺伝子を維持している、というものです。時には個々の動物が自分を守ることよりも、仲間を

守ることをよしとすることがあります。そして「鳥の場合、無縁の親鳥を支援するよりも、血縁関係にあるひなの成長を支援する傾向があるという事実が見出されている。同様に、類人猿のいくつかの研究では、利他的行動は血縁関係にたいして向けられる傾向にあることを示していた[8]」ということです。そして、私たち人類の場合は、類人猿と同じ進化の段階から、さらに一層進んだ段階にあります。ですから、利他主義というのは、いかなる超越の意味も含まず、純粋に自然な説明であるにちがいありません。かつてニーチェが、道徳は個人における群衆的本能であると言ったことはおおむね正しいようです。

ジョン 血縁関係のなかでの利他主義は、おそらくその理論で説明ができるでしょう。けれども、血縁を超えた人々にたいする正義の働き、「ホワイト・バンド・プロジェクト」(貧困撲滅キャンペーン)の働き、地球規模での人類共同体のための働きなどは、この方法では説明できないのではないでしょうか。

デイビッド ええ、説明はできません。けれども、別の生物学上の原理によれば、できるかもしれません。それは互恵的な利他主義です。他者があとで助けてくれることを期待して、まずは他者を助けるというものです。つまり「コウモリは過去に血を分け与えた者からのほうが、分けたことのない者よりも分けてもらえることが多い。だから、他者に分けることを拒否する利己的なコウモリは、結局は不利になるだろう[9]」ということです。このことは、人類の利他主義内においても純粋に別の自然的因子であるかもしれません。これはリチャード・ドーキンスの『神は妄想である』[10]のなかに描かれた生物学的道徳説であることを思い出してください。その説の二本柱が血縁と互恵なのです。

ジョン　互恵的利他主義は、確かに小規模には隣人、友人、親族のあいだに、さらに大規模には村や部族のあいだに適合しますね。しかし互恵主義では、たとえば顔を合わせることがないような地球の裏側にいる津波の被災者たちに義援金を送る気にはならないでしょう。また、私たちに畏敬の念を呼び起こし、より大なる博愛の意識に向かわせる改革者や解放者についてはどうでしょうか。マハトマ・ガンディー、マーティン・ルーサー・キング、さらにエウデル・カマラ、オスカー・ロメロ、ネルソン・マンデラ、そのほかの、地上に生を享け、その生涯を博愛の奉仕に捧げた大勢の人々のことをただ利己的意識だけでカバーすることはできないと私は思うのですが……。

デイビッド　ええ、多分できないでしょう。けれども、少なくともあなたの指摘による事柄が、あなたのおっしゃる超越的実在にたいして何の証拠にもならないことには同意されるでしょう。

ジョン　同意します。ただし、前のほうで論じていた、あの「宇宙の曖昧さ」というものを除こうとして、そうした事柄に触れていたわけではないですよ。その曖昧さというものを問題にせず、また宗教体験の種々相というものにも関与しない人々からは、そうした体験の種々相には自然主義的な解釈が与えられるものなのです。けれども、ここに挙げた事例のなかの大部分には共通した特徴があることを強調させてもらいますよ。確かに、体験の形態はさまざまですが、その体験自体は、基本的に、存在にたいする究極的な善さ、「善性」というものへの気づきであるということ、つまり、それによって恐怖や不安から解き放たれるという、まさしく気づきなのです。アインシュタインが、「あなたが問うことのできる最重要な問いは何ですか」と尋ねられたとき、「宇宙は友好的か否か」という問いだ、と答えたことを覚えておられるでしょう。「友好的だ」という答えを引き出すような体験は、通常、この上もない幸せの瞬間です。そして、その後の人生によい影響を与えることがしばしばです。とはいっても、例外的に善にたいする悪という恐ろしい感じが生じることもあるようです。けれども、概して、宇宙は申し分のないもの、善なるものという感じが一般的なようです。

デイビッド　そのようですね。そうした人々が書き残した体験を私は疑ってはいません。ただ問題は、彼等が無意識のうちに願望の充足として、でっちあげてしまったのではないかということです。ところで、そうした内容はすべて体験直後に書かれたものなのでしょうか。

ジョン　いいえ、通常はそうではありません。というのも、「超常体験」を経験したという人々の報告を要請するアリスター・ハーディ研究センターからの広告に応えて、その大部分は記録されたものでしたから……。デイビッド・ヘイによれば「個人面談の場では、あたかも長期間隠し続けていた体験について、もう全部しゃべってもいいですよ、と発言を促すように感じられた。一九八六年の国の調査では、体験について誰にも話したことがないと答えた人々が四〇％もいた」ということです[11]。答えた人々のうちで多くは、そのような体験は一回きりであったと答え、また別の多くの人々は、数回であったと言っているのですが、どの人々にとっても忘れられないものであり、時には人生の展望を変えるほどのものでした。このような人々は自分たちの体験を分かち合う機会を歓迎していました。以前には、特異だ、「薄気味悪い」と思われることを恐れて、あまり人には話したがらないようでしたが……。研究センターのほうでは、名前、住所、年齢、性別、職業などの詳細は把握していますが、センターでの公開はすべて匿名でおこなわれています。

デイビッド　そうすると、体験そのものと、それが記録として書き残されるまでの時間のあいだには、おそらく意識的あるいは無意識な解釈が忍び込んだということを意味していますね。

ジョン　そうです。記録のいくつかにはそういうものがあるように思います。また、意識的な解釈が記録のなかに含まれるだけでなく、さらに根本的には、体験そのものが常に体験者の宗教的信仰を含んだ概念体系によっても構成されるものでしょう。けれども、意識的な経験というものは、例外なくすべて――日常の感覚的な経験も含めて――生得と既得の両概念の体系によって構成されるものです。そして、もしもこれらの宗教体験において人々が超越的実在によって心を動かされているならば、これもまた本人の宗教概念なり、他人の宗教概念なりに誘発されて意識に達するものでしょう。ですから、異なる宗教の異なる概念から、異なる意識的体験が生み出されることもあるということがわかります。たとえば、キリスト教徒であればイエスや聖母マリアの像を思い描き、ヒンドゥー教徒であればクリシュナ像を思い描くでしょう[12]。けれども、このことがもとで、さまざまに異なるしかたで表現され、それらの多くに浸透している中心的な特徴——つまり、実在が本性上、恵み深く友好的なものであり、この覚知によって人生にはしばしば変革がもたらされるという意味での、あの中心的な特徴——が、いささかも損なわれるものではありません。

デイビッド これは、すごいことですね。よくわかりました。けれども、そのような体験のない者にとっては、何がそうさせるのかということを知るのは難しいですよ。あなたはそのような体験をした人のことをご存知なのですか。

ジョン ええ、幾人か知っていますよ、私自身もそのなかに含めて……。

デイビッド そうですか。では、あなた自身の体験をお話し願います。

ジョン いくつか体験していますが、そのうちの一つをお話ししましょう。三〇年ばかり前に、スリランカの仏教僧ニャナポニカから瞑想法を学んで、いまも実践しています。これは数年前のできごとですが、朝食を済ませて机のわきに座り、瞑想していました。目を開けたとき、すべてのことが二つの面で違っていました。私がここにいるのではなく、また私から離れて周囲の世界——部屋の本棚、窓から見える木々や空——があるのではなく、私は不可分な全体の一部でした。私がその一部となった全体をこの目で見ることはできませんでしたが、怖く思うことも、不安に思うこともありませんでした。それは大いなる喜びであり、開放感であり、高揚した気分でした。ですから「すばらしい、信じられない、驚いた」などという、ありきたりな言葉でしか言うことができませんでした。ほんの一分にも満たないほどの短いあいだでしたが……、これを表すことばには窮します。アリスター・ハーディ研究センターのファイルに収められている多くの人々の場合にも似て、宇宙を「友好的なもの」と感じることが宇宙の最重要な側面だったと、私自身、いまも得心しています。

デイビッド　宇宙が友好的とおっしゃる点に着目したいのですが、この点は、つい先ほどまで話題にしていた解釈ということの一例のように聞こえます。「友好的」というのは、ただ人間についてだけ言えることなのに、あなたはその意味の含みで、神をその体験のなかに持ち込んでいらっしゃいます。けれども、科学によって明らかにされた宇宙は、広大な空間にちりばめられて星雲となったり、銀河系となったりする無数の星を従えてはいるものの、それ自体はまったく非人格的なものであり、友好的でも、非友好的でもなく、ただまったく私たちに、また私たちの感情に感知しないものです。宇宙は完全に私たちには無関心なのですから……。

ジョン　物理的宇宙に関する限りでは、そのとおりです。そして、あなたがおっしゃるように「友好的」とか「優しい」ということばは、通常は人にたいして使いますし、また、宇宙が何か人格的な特質を備えているなどと言いたいわけではありません。「よい」ということばも同じですね。けれども、人格性という意味の含みを超えて、さらに、ことばをメタファー（隠喩）として使うこともよくあります。たとえば、何かあるものが「使いやすい」とか、気候が「優しい」とか言います。「よい」ということばも同じように、もしホウレンソウをゆですぎれば、すべての「よい」成分がなくなるとか、果物や野菜は健康に「よい」と言うように……。ですから、私のことも含めて、すべての報告で使われているのは、この種のメタファーなのです。そして、私が「宇宙」という言葉を使って、それは私たちを内に含み、私たちがその一部であるトータルな状況であると言い表していることは極めて重要なことなのです。この宇宙のことを、恐怖や不安のすべての元を断ち切ってくれる「優しい」ものとして体験するということの内には、明らかに物理的な宇宙以上のものが感知されています。ですから、多くの人々に通じる体験は「実在」(reality)に関わるものであり、それは、実は物質を超え、物質に浸透し、物質を介して出会うところの「真実在」(Reality)なのだと私は考えています。

デイビッド　「真実在」ですって……。それは無論、幻想です。体験者が無意識のうちに自分を欺いているという、あなたにだってすぐに判断のつく事例が記録のなかにはあるではないですか。

ジョン　実際にはありますね。ここに私の好きな一例があります。

「万事をわれに託せ」という神からの召命を感じたあと、私は飛行機整備士として英国空軍に入隊した。短期間のあと、私は極東に派遣され、紛争の続くあいだ、戦闘機の整備に服務させられた。この任務は、整備をどの航空機から始め、どの航空機を最後にするかを自分で決めなければならないというものだった。遠くにまで誘導路が伸びていて、その端から端まで戦闘機が並んでいる様子を想像してくれたまえ。私の任務では要員が不足していた。私は適切な飛行機のところに導かれるようにと神に願った。すると、心のなかに神のおだやかな声を聞いた。私は整備表に従いながら航空機に取り組んだ。そうすることで心は喜びに満たされた。紛争が終結するまでに、私は整備不良を起こすことなく、三六〇機の点検を無事終えていた。神がどのように導いてくれたかについて、私は小さな本を書くことができる。またその本の中身は、潜在意識によるのではなく、確かに私たちの創造主である神の働きかけによる毎日の出来事で満たすことができる。[13]

彼の長い経験からすれば、どの飛行機の整備を手掛けたらいいかということは自分で判断できたと思います。また、もし判断を間違えたとしても、「神の啓示」に導かれて、自分は正しかった、間違いはなかったと思い直すことができたでしょう。また、これが自ら望んでおこなった行為か、それとも常識に従っておこなった行為かのいずれかであるように思える場合に、それは確かに神の命に従っておこなったことなのだと確信する人々のことも思い浮かびます。また、神の命に従って殺人を犯したのだと言い張る異常な人々もいます。ですから、声を聴き、幻を見たりするという自己妄想の入り込む余地はたくさんあることを、私も十分に認めます。けれども、このことは偉大な神秘家たちには十分自覚されていたことでした。中世の世界では、私たちが自己妄想と呼んでいるものは悪魔にだまされることだと広く考えられていました。ですから、教義上の正統性を調べるものとは別の基準が、個人の生活のなかには長く影響を及ぼしていました。たとえば、アビラの聖テレジアはこの危険性をよく自覚していましたが、それでも彼女の人生の実りからもたらされた彼女自身のヴィジョン、幻の純粋さにたいしては、誰にも疑念は残りませんでした。彼女は偶然出会った見知らぬ人から宝石を贈られるというアナロジー（類比）を用いています。もしも誰かが、あとになって、その見知らぬ人というのは単なる幻影ではなかったのかと疑うならば、彼女の手に残された宝石がこれを反証してみせることになるでしょう。そして彼女が見たヴィジョンに関する事例では、

（疑いを抱く人がいれば）私はこれらの宝石を見せることができたでしょう。というのも、私を知る人は皆、私の魂がどのような変わりかたをしたかということをよく知っていたからです。私の告解を聴いてくださった司祭さまご自身がこのことを証言してくださいました。その違いはどの点においても非常に大きく、けっして気まぐれなものではありませんでしたし、こうしたことは皆、明瞭に理解できるものでした。しかも私は、以前は邪悪な人間でしたから、もしも悪魔が私をだまして地獄に突き落とそうとたくらみ、こうした作為をおこなっていたとするならば、この私から悪徳を取り去り有徳かつ強靭な人間に変えることによって、当初の目的を完全に覆すことになるような道を悪魔が選び取るなどということは断じて信じられるものではないと私は結論づけました。また、そのために、こうした体験をとおして、この私がただちに以前とは違う私に変えられたということは、私にはまったく明ら

かなことでした。(14)

そして、一般的に言って、それぞれの伝統における神秘家たちのあいだでは、妄想と現実との違いは個人的な性格と生活のなかでの長い期間にわたる変革的な効力の有無によって示されるものだったのです。

デイビッド　わかりました。けれども、妄想や誤った信念も、良い効果をもたらすことがありますよ。薬に、プラシーボ効果というものがあるではないですか。私は超越的な「真実在」などというものは無いと信じていますが、それにもかかわらず、有るという真剣な確信が人々をより幸せにし、また他者にたいしてさらに一層慈愛の心を強く持たせるようです。確かにそうだ、という証拠もありますからね。宗教は、時には有益な妄想であり、また時にはきわめて危険な妄想でもあると言っていいでしょうが、どちらにしても、妄想であることには間違いありません。

ジョン　ええ、同感です。けれども、どうして宗教体験の領域に関与する人々のことが信用できるのかということをさらに説明させてもらいましょう。

デイビッド　いいですよ。次に進みましょう。

第6章　宗教体験を信用する！

デイビッド　ところで、あなたは宗教体験から神にいたるという議論、つまりその体験の原因として超自然的な存在を論じるということをされているように私には思えるのですが……。

ジョン　いいえ、断じてそうではありません。その議論は、宗教体験の領域に関与する人々が、理性的な人間としてその体験を信用するに足る十分な資格を持っているということを示す、まったく別の議論です。

デイビッド　けれども、宗教的に体験しない私たちの議論の場合は、そういうことにはなりませんか。

ジョン　そんなに単純なことではありません。超越的実在を信じるというには自分の宗教体験はあまりにも僅かだ、薄弱だ、ほとんど無い、とさえ言う人も実際にはたくさんいますが、その逆に、確かに信じている、あるいは時に信じることがあると言う人もいます。その理由は、宗教上の偉人によって証言された体験からというもの、あるいはそれに加えて、さらにその証言を支持するに足る十分な霊的感銘を受けた人物を個人的に知っているからというのもあります。

デイビッド　つまり、そうした人々は、たとえばイエスとか、ブッダといった偉大な人物に寄り添うわけですね。

ジョン　そうです。まさにそのとおりです。

デイビッド　わかりました。では、そうした人々はさておき、あなたが言われるように、宗教体験の領域に関与し、そのために何らかの超越的実在を信じるところにまで至った人々のことに注目しましょう。あなたは、このような実在を信じることが彼等にとっては理性的なことだと主張されています。もちろん、これに逆らって、すべての宗教信者が理性的でないなどと言って、私は反対しているわけではありません。けれども、やはり彼等は思い違いをしていると私は言いたいのです。そこでお尋ねするのですが、理性的な人間が宗教的であることは、一体何によって正当化されるとあなたはお考えなのでしょうか。結局のところ、神の存在は、リチャード・ドーキンスが言うように、「ほかの事例と同じように一つの科学的仮説[1]」ではないのですか。

ジョン　いいえ、神の存在は科学的な仮説ではありません。それはドーキンスのもっとも根本的な間違いです。科学的な仮説でないことには二つの理由があります。一つは、友人のキース・ウォードが指摘しているように、科学的な理論や仮説には、原理上再現できて、真偽の確認のできる予断のもととなるような諸々の観察が含まれています。ですから、キース・ウォードは、神の存在は「哲学的ないしは形而上学的な仮説である」と結論づけているのです[2]。私はキース・

ウォードに賛成して、神の存在が科学的な仮説でないことに同意するのですが、それ以上に、さらに踏み込んだ言い方をしたいのです。神の存在は仮説などではない。神の存在は証拠からの推論にもとづくのではなく、直接体験にもとづいてする他の根本的な信念の場合とまったく同じカテゴリーに属するものなのだ、と私は言いたいのです。

デイビッド　どのようなものですか。

ジョン　まず始めに、いま私たちの視野に入っているものについては、私たちは直接気づいています。推論はしません。推論するものは何もありませんから……。また、いかなる証拠も差し出せません。そのもの自体が唯一無二の証拠なのですから……。言い換えれば、視野に入っているものにはいかなる証拠も要しないし、またいかなる証拠も出せないのです。

デイビッド　確かにそうです。でも、それを超えて何があるというのでしょうか。

ジョン　ありますよ。それは他人と交流する外界があるという信念です。身辺世界を私たちは推論しません、経験するのです。身辺世界は、見る、聞く、触れる、味わう、嗅ぐものですが、その身辺世界が私たち自身の意識の外側に存在するということは証明できません。

デイビッド　けれども、この場合、知覚された世界というリアリティ（現実）に代わるものは何もありません。外界がないとは想定することさえできませんから……。ところが、超越的実在というリアリティには代わるものがあります。すなわち、そのようなリアリティはないとする考えがそれに当たります。

ジョン　けれども、外界があるとする考えに代わるものはありますよ。独我論です。これは文字どおり〈我〉だけが存在して、世界と他人はこの〈我〉の意識の内にだけ存在するという理論、つまり自意識のなかに人々をも取り込んで見る夢の環境のようなもので、〈我〉が夢を見ているあいだにだけすべてが存在するという理論です。

デイビッド　けれども、それをまじめに信じている人はいないのではないでしょうか。

ジョン　イギリスの偉大な哲学者であるジョージ・バークレー[3]は非物質論（immaterialism）と呼ぶもの、すなわち存在するとは知覚されることだという考えを主張しました。そこでバークレーは、独我論から我が身を救うために、あらゆる経験の直接的な原因者として神を持ち出しました。つまり、直接原因としての神がさまざまに異なる人々の知覚を調整してくれるので、私たちは共通の環境と思える場のなかで他の知覚者たちとの交流ができるというわけです。

デイビッド　バークレーは信仰深い人で……、確かイギリス国教会の主教でしたね。そのおかげで、独我論の一歩手前で踏みとどまることができたのでしょう。けれども、ここで神を持ち出すことは、あなたの哲学を守るために神学を持ち込むようなことであり、これは誰にでも受け入れられるようには思えません。

ジョン　ええ、それは認めます。ところで、かつてバートランド・ラッセルに手紙を書いた女性が、自分は独我論者であるが、自分のほかには誰も独我論者であることを信じているようには見えなかったことに驚いたと言っているのですが[4]、このように一人称でのみ語られるということが独我論に付いて回るもう一つの問題点です。とはいえ、信じる人がいようがいまいが、独我論は論駁できない理論です。そこでデイビッド・ヒュームが、外界の存在を信じる信念は証明できるとかできないとか、そういうものではなく、ごく自然な信念と呼ぶことのできるものなのだと論じた経緯から見ると、ヒュームは確かにバークレーを正しく受け継いだといえるでしょう。ヒュームはこう述べています。

自然はこの問題を（私たちの）選択には委ねず、これを私たち人間の不確かな推論や思弁に任せるには重大な問題にすぎると見なしたことは疑いない。私たちがどのような原因にもとづいて物体（たとえば、物質世界）の存在を信じるようになるのかと問うことはもっともである。だが、物体が存在するかどうかと問うことは無益である。物体が存在するということは、私たちのあらゆる論究において当然のこととしなければならない点なのである(5)。

そのリアリティを当然のこととして認めなければならないとする理由は、たんに世界がそうすることを押しつけてくるからです。そう意識するしかないのです。

デイビッド　いいでしょう。けれども、このことが宗教とどう関わるのでしょうか。

ジョン　感覚的な経験からの次の段階は宗教体験で、両者の架け橋となるのが批判的信用という普遍的に受け入れられている原理です。これは私たちが毎日を過ごすときの基本原理です。経験を信用できないと疑う理由が十分にある場合、あるいはそのように思われる場合を除いて、私たちは経験を信用します。何かがそこにあるように見えるとき、もしも先に述べたようにその経験を疑う理由が何もなければ、確かにそれがそこにあると解することが合理的です。これは合理性に関しての、あるいは健全性に関しての、実用的な定義の一部です。たとえば、レンガ積みの壁を目前に見ていながら、それを無視して直進するなら、それは視覚的な経験にたいする不合理となるでしょう。そうした行動は、壁がホログラム（三次元画像）であって、現実の壁ではないことがわかっている場合にのみ、合理的と言えるでしょう。つまり、ホログラムの壁と知ることが、この場合には経験を額面通りに受けとめないとする十分な理由となるわけです。けれども、経験を信用しなくてもいい理由が何もない場合には、これを信用することは常に合理的です。これが批判的信用という原理なのです。

デイビッド　ええ、それはよくわかります。その一般的原理は受け入れることができます。けれども、宗教体験の場合は、それを信用できないとする十分な理由があります。

ジョン　というわけは……。

デイビッド　まず一つには、あなた自身が言われたように、感覚的な経験がその経験自体を私たちに押しつけてきます。物質の世界は常に私たちの全感覚を刺激しているのですから、私たちがそれに気づかないはずはありません。そういう物質の世界についての気づきは強制的なものです。けれども、私たちに強制的に刺激を加えてくるような超自然的環境などというものはありません。このことが宗教体験を疑う十分な理由にはならないでしょうか。宗教的にはどんな体験もしたことのない私たちには決定的な理由になりますし、また少なくとも宗教体験をしたとおっしゃるあなた方の側の人々にもひどく具合の悪い事実とはならないでしょうか。

これが宗教体験には信用がおけないとする一つの理由です。そして、もう一つの理由は、そこから出てきます。というのは、感覚的経験が強制的であり、普遍的だからです。それは誰という区別なしに世界のどこででも当てはまります。イギリスとアメリカでは三人にひとりの人が、少なくとも一度は特別な体験をしたと報告しているとあなたはおっしゃいました。有名な神秘家たちのうちで何人かが見たという幻や、聞いたという声の場合がそうであるように、彼等にとってはおそらく強制的なものであったかもしれません。それに比べれば、あなたが例に挙げておられたものは、確かに、それほど華々しいものではなかったのではないでしょうか。それにしても、これは誰もがいつどこででも経験する物質的環境の経験とは大いに異なっています。

そして第三の理由は、感覚的な経験が世界のどこでも一様であるのにたいして、宗教的な体験のほうはそうではないということです。私たちは皆、同一の自然環境を経験します。ところが、主張されている超自然的環境については多くの差異と、それから競合する知覚とがあります。ある人はこれを人格神だと言います。その中でも、ある人はこれをラビ的ユダヤ教のアドナイ、主だと言い、ある人はキリスト教の聖三位一体だと言い、またある人はイスラームのアッラーだと言います。さらに別の人はこれを有神論的ヒンドゥー教のビシュヌ神だ、シバ神だと言います。

また、さらに別の人は、超自然的実在は人格神などではなくて、それはまさに人格を超え出たブラフマン（梵天）だ、ダルマカーヤ（法身）だ、タオ（道）だと言います。このすべては人間の想像力から生み出された、文化的に多様な、まさに絵空事にすぎないことを示唆しています。

　ここには、このように三つのリンクした理由があります。ですから、私は、これで感覚的経験は信用できても宗教的体験は信用できないとする十分な理由が出揃ったように思います。

ジョン　ええ、一見したところ、すべてが有効なご指摘のようですね。けれども、そうした三つの相違点――強制的／強制的でない、普遍的／普遍的でない、一様／一様でない――は、経験なり体験なりをしたと思われるリアリティの、実は大いに異なる性質にだけ適合するものなのです。

デイビッド　どのような具合に、でしょうか。

ジョン　第一に、か弱い生き物である私たち人間が物質の世界で生き残ろうとするなら、私たちは否でも応でも物質世界に注意を向けざるをえません。けれども、この強制的な気づきは、私たちに備わった個人的な、また道徳的な自由を蝕むものではありません。この気づきによって、私たちはこの自由を行使する場面と限界の範囲を設定するのです。というのも、物質世界そのものは価値とは無縁のもの、つまりただの粗野な事実にすぎないものであっても、私たちは絶えずこれに適合していかなければならないからです。けれども、こんなふうに考えたらどうでしょうか――どの宗教も主張しているように、私たちは同時に、価値とは無縁でない超自然的環境のなかにも生きている。だから、もし、私たちが人としてそのなかで生きていこうとするなら、つまり道徳的にも精神的にも自由な人間として生きていこうとするなら、この超自然的環境に気づくことは強制されたものであってはならない――というふうに……。

デイビッド　けれども、自然環境だけでなく、超自然環境も存在するというのなら、なぜ超自然環境は自然環境と同じように、強制的に私たちの前に現れ出ないのでしょうか。超自然的環境に気づくことが私たちのためになるというなら、なぜ私たちから隠れていなければならないのでしょうか。

ジョン　それについては有神論的な言い方で、いとも容易く説明がつきますよ。もしも私たちが望もうと望むまいと否応なく、無限の善と愛であり、無限の力であり、無限の知識である〈御方〉によって自動的に持ち上げられているとしたら、その〈御方〉との関わりにおいては、私たちはもう自由でも責任を負う被造者でもなくなるでしょう。その〈御方〉の理解力は私たちの内部の隅々にまで行きわたり、私たちの思想や感情、想像内容までもが常時その〈御方〉の目にさらされていることになります。無限の力は私たちを全面的に覆い尽くし、無限の善と愛とはまさにその現存のゆえに、私たちに全面的で抗いがたい要求を突きつけてくるでしょう。服する以外に何も選択肢がない以上、神を信じることは、私たちにとっては、肉体的には自由であっても、知的には自由でないことを意味するでしょう。また、このような〈御方〉に服し拝しても、それ相応の真の選択肢がない以上、道徳的にも霊的にも、私たちは自由でないことを意味するでしょう。ですから、私たちが神の前で有限であり、また自由な被造者として存在し続けるためには、神自身から距離を置かなければなりません。ここで言う距離とは空間的な意味ではなく、知識の次元における距離、哲学的な言い方をすると「認識的な距離」のことです。つまり、前で使った言い方に換えると、私たちは曖昧模糊とした宇宙のなかに自分が存在しているということ――つまり、自分が実際に存在している宇宙は曖昧模糊としたものだということ――を認めなければならないのです。それでも同時に、私たち人間本性のうちには超自然的なものを介して自然的なものを経験しようとする側面が本性的に備わっています。もちろん、近代西欧文化の自然主義的な仮説のもとでは、そうした〈傾向〉を抑制するのは容易なことなのですが……。

デイビッド　あなたが認識的な距離と呼ぶその点については、よく理解できるように思います。それから、宗教的な〈傾向〉についても……。というのも、何らかの宗教が人類発生の初期までさかのぼれるようですから……。けれども、過去の多くの説教者や現在の幾人かの原理主義者と同じように、あなたもその〈傾向〉を抑制しようとすることは罪だとおっしゃるつもりですか。

ジョン　いいえ。それでも、挑戦的な現実に覆いを被せて私たちの目に見えなくさせてしまう利己心は、信仰者であるなしにかかわらず、私たちすべての者に悪影響を及ぼすものではありますが……。けれども、主要な障壁は知性です。無神論的な社会、たとえばスターリン時代のロシア、毛沢東時代の中国などでは、宗教は妄想であるとして人々は育てられました。けれども、この社会で一層重要なことは、先ほどから話してきているように、主流の自然主義的仮説が単なる仮説でしかないということです。しかも、その仮説が私たちの人間本性の宗教的側面を抑圧するように働いているということです。人々は科学と空想とのあいだで、誤った対比の見方で考えているのです。

デイビッド　すぐには受け入れることはできませんが、あなたのおっしゃることはわかります。ところで、話を完結させるために、あなたは有神論の立場から認識的な距離という考えを詳しく説明してくれましたが、非有神論的な宗教の場合は、つまり究極者を神的なペルソナとしては考えず、ペルソナ／非ペルソナの区別を超えたリアリティとして考えるような場合、とくに仏教の立場の場合はどうなのでしょうか。

ジョン　適用の仕方は異なりますが、私たち自身と究極的実在とのあいだにある距離という同じ原理を用います。仏教には、その直接的臨在に圧倒されるような無限のペルソナの代わりに、自我超越の長い過程を経ることなしには知ることも経験することもできないニルバーナ（涅槃）の境地というものがあります。この過程は「八正道」として、ブッダによって詳細に説かれました。それは、一つには瞑想の実践、一つには霊性の理解に関すること、一つには真理を語り、憎しみに満ちた陰口や中傷を忌避する倫理的な生き方です。また一つには非暴力、また一つには例えば武器や有害な薬物の売買に携わり、果ては住民の共同体を破壊するにいたるというような極道に生活の糧を求めないことです。そして、さらに包括的に言うなら、他者と共にあって他者を気遣う気持ちという意味のカルナ（同情心）、それから愛のこもった親切を意味するメッタ（慈悲心）といった基本的な徳を深めることによって生きるという生き方です。最初は何もかもが自分の得になると考えて経験を貪る自我中心の見方が徐々に克服されるにつれて、目標からの「距離」が縮まります。この距離は、知識の次元においては純粋に認識的なものではなく、もっぱら直接的な知識に向かう霊性的なものだと言えると思います。そして、この霊性的な距離には認識的な距離が含まれているのだと言えると思います。

デイビッド　いいでしょう。私は仏教について詳しいわけではありませんから、ひとまずあなたの言葉をそのとおりに受けとめておきましょう。けれども、まだ大事な検討事項が残っています。もし、宗教体験が超越者にたいする人間の気づきであるとするなら、その気づきが感覚的な経験とは対照的に、どうしてそれほどまでに異なった形態をとるのでしょうか。

ジョン　いい質問ですね。それについては、次の事項として論議することにしましょう。

第7章　宗教的な矛盾にもかかわらず?

ジョン　さて、異なる宗教間に見られる数多くの矛盾についてはどうでしょうか。まずは認識論から、つまりどのようにして物を知るのか、また知るという知識の限界とはどのようなものなのかという問題から始めなければならないと思うのですが……。

デイビッド　わかりました。始めてください。

ジョン　では、まず感覚的知覚ということから始めますが、外界が存在するという信念は実在論と呼ばれています。そして、次には素朴実在論と批判的実在論とを区別しなくてはなりません。素朴実在論は、世界はまさしく私たちが知覚するとおりに存在していると思い込んでいますが、もちろん、そうではありません。私たちは自分に備わっている特定の感覚的・知覚的な能力を用いて、物が私たちにたいして存在していると見るのであって、けっして物がそれ自体として、私たちに知覚されなくても、現に存在するということではありません。さまざまに異なる動物は、さまざまに異なる姿で外界を知覚しています。感覚機能は選択的なものです。というのも、環境に順応しながら生きている有機体としての私たち人間に適切な環境全体のうちでも、とくに限定された側面だけに、感覚は向けられるからです。たとえば電磁波スペクトルでいうと、一インチの一〇〇億分の四という短い宇宙線から、一八マイルという長いラジオ波までのうち、私たちはそのなかで一インチのわずか一六〇〇万分の一と三二〇〇万分の一のあいだの電磁波、つまり紫色から赤色までの光をとらえているにすぎません。私たちは特定の音域でしか聞き取ることをしませんが、犬や馬のような動物は私たちよりもずっと高い音を聞くことができます。それぞれの生物種はその固有なニッチ（生態的地位）の範囲内でそれと気づくことが必要とされ、全体からそうした選択を察知するのです。これ以上細かく気遣えば、頭が混乱し、頭痛も起きてしまうことでしょうね。たとえばこのテーブルを、コーヒーカップを置くことのできる茶色の硬い物体としてではなく、ほとんど空っぽの空間に数百万もの微細な粒子が猛スピードで飛び交う空間でしかないものとして見るなら、私たちは完全に参ってしまうでしょうね。

私たち人間の場合は、主として視覚に――目の不自由な人の場合は別として――依存しています。けれどもゾウは視力が弱く、もっぱら聴覚と嗅覚に頼っていますが、この二つの感覚は非常に鋭敏です。ゾウは足をとおして聞くことさえできると言われていますが、それほどにゾウの足は地中の振動にも敏感なのです。これとは対照的に、コウモリの場合は、身近にある物体の確認のためには超音波反響装置に依存しています。ですから、ゾウの生活世界とコウモリの生活世界とは随分異なったものであるに違いありません。そして、この二つの世界は私たちの世界からも非常に異なっています。そこで、批判的実在論はこうしたすべてのことを考慮に入れます。つまり、世界はそれ自体で存在しているのではなく、私たちにたいする現われとして意識されているということです。そして同時に、同一の環境についてもさまざまに異なる知覚の幅が存在しうるということです。

　そこで次に、こころは、感覚がこころに表示するもの、つまり概念を用いて解釈するという仕事にとりかかります。このことは、曖昧な絵を用いることによっておこなうことができます。最初にこのことに注目したのはウィトゲンシュタインでした。たとえば互いに見つめ合う同じ二つの顔としても見ることのできるゴブレット、あるいは彼が自分の著作『哲学探究』[1]のなかで用いた「アヒル‐ウサギ」の絵というものがあります。この絵は左向きのアヒルとも右向きのウサギとも見ることができ、こころは通常、アヒルとウサギの両方のあいだを行き来しています。そこで彼は「何かを何かとして見る」(seeing-as)という用語を導入したのです。ウィトゲンシュタインは、これは曖昧な形象には適用できても、ナイフやフォークのような普通の物体には適用できないと考えました。彼が指摘しているように、そのようなものを改めてナイフあるいはフォークとして見るようなことを私たちはしません。というのも、そのような場合には曖昧さがまったく無いからです。けれども、この点において彼は間違いをしてしまったと私は思っています。確かに、私とあなたはナイフとフォークを私たちの作法にしたがって見ることだけができるというのは正しい見方です。けれども、もしタイムマシンを使って、いま、ここに石器時代の人間を連れてくることができるとすれば、彼等はテーブルの上にあるものをナイフとフォークとして見ることはないでしょう。なぜなら、彼等にはテーブル、椅子、テーブルに着席すること、皿から食事をとることなどの概念、あるいはその周辺的な文化的概念を備えていないからです。彼等はそれを小さな武器として、あるいは「マナ」にあふれた聖なるものとして、あるいはその種の用途において見るでしょう。このように日常生活のなかでさえ、私たちは物を特定の用途においてあるものとして見ています。実のところ、すべて見るということは「何かを何かとして見る」(seeing-as)ということなのです。そして、私たちは視覚だけでなく、他のすべての感覚も含めて、「何かを何かとして見る」(seeing-as)を「何かを何かとして経験する」(experiencing-as)にまで拡張することができますし、また実際に、ほとんどいつでも、私たちは一度に多くの感覚を使っています。

デイビッド　よくわかりました。批判的実在論は正しいように思えます。けれども、この理論が宗教的信念とどのように関わってくるのでしょうか。

ジョン　そうですね、次の段階で述べるべきことは、宗教的信念が、私たちのあいだで合意に達しているような哲学的論証にも、あるいはあなたもきっと合意してくれるだろうと思えるような、たとえば教会制度といった人為的権威にも、実は正しく基礎づけられてはいないということです。私の見解では、その基礎づけは宗教体験にあるということです。

デイビッド　わかりました。それがあなたの宗教的見解ということで、ここでは議論上、その見解に沿って進むことにします。

ジョン　了解です。では、理解しやすい例を挙げてお話ししますが、イエスは在天の父の現前で生きているという強烈な意識を抱いていたことは明らかなようです。イエスは自分の目で神を見ていたわけではありませんでしたが、とても強く意識していました。自分の仲間とか、ガリラヤの丘や湖などと同じくらいに、イエスにとっては、神はとてもリアルな存在でした。そこで私は、イエスにとっては神のリアリティ（実在性）を信じることは合理（つまり「理にかなうこと」）であったと主張したいのです。そう主張しないなら、イエスにとっては非合理（つまり「理にかなわないこと」）になるでしょう。それは、いわば認識の自殺行為となるでしょう。

また、ムハンマドは、彼に刻印され、聖なるクルアーンと成ったことばをとおして神の現前を強烈に意識していました。そして、また、ムハンマドの場合も、もしこれらのことばを神の啓示として受け入れなければ、ある種の認識の自殺行為となるでしょう。

さらに、また、ブッダが悟りに達し、自我を脱して涅槃の至福に入ったとき、ブッダはその境地とその境地への参入に気づかずにはいられなかったことでしょう。もし、そのようには考えられないとすれば、これもまた、ある種の認識の自殺行為となるでしょう。

デイビッド　そうですね、おそらくそうでしょう。けれども、まだ彼等が正しいとは証明されていません。彼等は惑わされていたのかも知れません。妄想は圧力をかけることができます。それに、めいめいが気づき、信じた事柄はひどく異なる内容だったのですから、その全部が正しかったなどということは、到底あるはずがありません。前にあなた自身がおっしゃっていたように、イエスの在天なる父はクルアーンのアッラーとは同じではなかったし、ブッダの涅槃とはまったく似て非なるものでした。ですから、その点から推せば、三者のうちの少なくとも二者は惑わされていたに違いないということになりますし、またもっとありそうなことは、三者のすべてがそうであったということにはならないでしょうか。

ジョン　もしも私たちが、物は物自体として存在するというふうに信じきっている素朴実在論者であるなら、そうでしょうね。けれども、批判的実在論者であるなら、そうはならないでしょう。その場合には、三者三様のそれぞれ非常に異なる体験の直接的な対象を、同じ実在が帯びるさまざまに異なる性格の見え姿として見ることができるでしょう。もしあなたが、イエスとムハンマドの双方がそうであったように、究極者を人格神として受けとめる一神教の文化のなかで生きているなら、あなたの宗教体験は一神論的な形式をとるでしょう。そして、祈りの実践をとおして、このことが強固なものとされるでしょう。けれども、もしあなたが神々を超える究極的実在を信じつつ、ブッダのインドのヒンドゥー文化のなかで生きていて、我-汝の人格関係のもとで祈るよりもむしろ瞑想の実践を続けているならば、あなたは究極者に、しかも同一の究極者に、まったく異なる仕方で出会うことでしょうね。

デイビッド　同一実在が異なる仕方で体験される、ということですね。そういうことは、確かに感覚的な知覚によって起こりえますね。けれども、そういうことが宗教の場合にも起こりうると考える理由があるのでしょうか。

ジョン　ありますよ。実験的な証拠さえあります。ふたりのアメリカ人の脳科学者、ユージン・ダキリとアンドリュー・ニューベルグが、チベット仏教の瞑想家のグループとフランシスコ会の修道女のグループで実験をおこないました。スペクト検査――単光子放射断層撮影法――を使って被験者の脳内の血流、すなわち酸素の流量を記録したところ、瞑想がもっとも深まった段階で、この二つの被験者のグループには、正確に、神経の変化が同じように生じたことがわかりました。けれども、この実験による意識内での変化の結果については、この二つのグループのあいだでは著しい違いがありました。仏教の瞑想家たちからは、宇宙と一体化して心の安らぎと幸せを感得したという報告がありましたが、キリスト教の修道女たちからは神を身近に覚え、神との交わりができたように思うという報告がありました。(2)どうしてこのような違いが生じたのでしょうか。明らかに、それは両者のあいだの異なる概念体系によるものであるに違いありません。カトリックの修道女たちは人格神を信じ、仏教僧たちは人格・非人格の区別を超えた究極的実在を信じていたからです。自分を超えた何か大いなるものを受け入れようとする同じ感受性が、両者の異なる概念体系に即しつつも、この二つのグループのそれぞれに自覚されたということでしょうね。

デイビッド　わかりました。まあ、一般論としてですが、そこにはさらに深く探究すべき内容があるように思います。ですから、主要な議論に戻る前に、さらにその点を探究してみましょう。あなたはウィトゲンシュタインの「アヒル-ウサギ」の例に見るような、一つの解釈から別の解釈へと心を切り替えるという可能性を含んだ「何かを何かとして経験する」（experiencing-as）という考えを、宗教自体のなかにも認めるのでしょうか。

ジョン　ええ、このような明白な教義を含んでいるのは、仏教の教えを構成する要素のなかだけにあります。その教えるところによれば、輪廻・苦界・無常・苦は、ニルバーナ（究極的には望ましいものではあっても、それは筆舌に尽くしがたい状態であるもの）、つまり「涅槃」とまったく同じものだというのです。つまり、輪廻と涅槃は根本的には異なる道によって体験されるけれども、結局は同一の世界であって、一方は自我中心の観点から、他方は自我への執着を離れた道からなされるというわけです。西欧世界をリードする禅仏教の代表的な人物、鈴木大拙を引用すると、

我々の全環境は、まったく予期されない知覚の角度から眺められる。これが何であれ、悟り（魂の世界を見通した瞬間）を得た人間にとっての世界は、もはや、かつて存在していた古い世界ではなく、それどころか、小川のせせらぎや燃え盛る炎でさえ、そのすべてが同じ姿を見せない。……これは神秘であり、奇跡であるが、禅の老師たちによれば、日毎に達成されているのはこうしたことだという(3)。

けれども、有神論的伝統のなかでも、宗教的に「何かを何かとして経験する」（experiencing-as）という多くの例を見ることができます。ヘブライ人の預言者エレミヤは、カルデア人の軍隊によ

る侵略を、過ちを犯したイスラエルの民を罰するための神の道具として経験したように見えます。そのことを自分の説教のなかで表明しているように、このことは知的な判断というより、むしろ自分が実際に、そのとき、そのように出来事を体験したということです。そして、キリスト教内から二つの例を取り上げてみれば、まずは、アメリカ人の福音伝道者ジョナサン・エドワーズの場合は、「万物の様子が一変した。ほぼすべてのもののうちに、いわば平穏にして甘美なる配剤、つまり神の栄光が現れたように見える[4]」という言い方をしています。次に、クエーカー運動の創設者ジョージ・フォックスの場合は、「万物が更新された。被造物のすべてが以前とは別様な、言葉ではとうてい言い表すことのできない芳香を私にもたらしてくれた……[5]」という言い方をしています。ほかにも例は無数にあります。宗教体験について考察したとき、そのことがわかりました。実際に、諸々の宗教における多くの体験の構成要素は宗教的に「何かを何かとして経験する」（experiencing-as）という形態なのです。

デイビッド　おもしろいですね。そして、これが近代哲学に結びつくのですか。

ジョン　ええ、そうです。そして、宗教の帯びるさまざまな矛盾形態についての当初の問題に連れ戻してくれるような、さらに大きな意味の含みとも結びつきます。それはカントによるヌーメナル（本体的）とフェノメナル（現象的）とのあいだの区別ですが、カント自身は、それを宗教には適用しませんでした。究極的なるものは人間には経験のできない本体的な実在ですが、それは人間のさまざまに異なる概念作用を経て、世界の諸々の宗教に見る現象的な神々やトランス・

パーソナルな絶対者として、人間に思考され、体験されるのです。人間の宗教体験は、カントの用語を使って言えば、抽象的な時間を介してではなく、歴史と文化の詰まった具体的な時間を介して図式化されます。人格概念のもとでは有神論的な伝統が生じ、絶対者の概念のもとでは非有神論的な伝統が生じるのです。けれども、これは確かにカントによる区別の適用なのですが、その基本となる考えはカントよりずっと以前にさかのぼって、トマス・アクィナスの素晴らしい言明「知られるものは知る者の様式にしたがって知られる(6)」に行き着きます。もちろん、アクィナスはこれを宗教の多元性には適用しませんでした。けれども、実際に「知る者の様式」は、この地上の優れた文化の営みでもある人間の多様な在り方のあいだで異なるものであるし、また、その優れた文化の内側において多様な宗教的伝統も育ってきているのです。ですから、「知られるもの」としての究極者は、ユダヤ教のアドナイ、キリスト教の在天の父、イスラームのアッラーとして、また非有神論的な信仰の内側では瞑想と悟りの焦点として、さまざまに異なる道での「知る者」に内在しているのだ、と私は言いたいのです。

デイビッド　その意味が、もし、この私にもわかることなら、いま少しよく説明してもらいたいことがあります。まずは、あなたのおっしゃる究極者、究極的実在というのは不可知なものだとおっしゃっているのですか。

ジョン　そうです。それ自体としては、私たちには不可知なものです。けれども、私たちに加えられる衝撃によって、私たちにもわかるものになります。それは宗教体験のさまざまな形態によってもたらされます。西欧では過激な考えでしたが、インドでは何百年にもわたって親しまれてきました。たとえばカビール（十五世紀）は、「無相の神はその被造物の目には幾千もの有相の姿をとって現れる」[7]と言いました。

デイビッド　ええ、あなたのおっしゃっていることが何となくわかるような気がします。けれども、確かに、これは諸々の宗教自体が教えている内容からの完全な逸脱であって、どの宗教にも受け入れられるというものではないでしょう。一神教の信者たち――ユダヤ教徒、キリスト教徒、イスラーム教徒――によって神の現存として体験されるものが、仏教徒たちによって非有神論的に体験されるものと同じであるなどということは、けっして受け入れられるものではないでしょう。

ジョン　そうであるとも、そうでないとも言えます。宗教団体の指導者たちには受け入れられないことでしょう。けれども、それにもかかわらず、それぞれの大宗教の内側にある神秘的な構成要素のなかには、それは現存しています。たとえば私は、キリスト教徒としてはキリスト教の神秘家たちを通じてこれに近づくことができます。そのような神秘家のうちで、たとえばマイスター・エックハルトのような人物は、神性つまり究極的な実在――私たちの思考のカテゴリーの範囲を超え出ているので言表不可能な実在、私としては超カテゴリーであるような実在と言いたいところですが――と、それからキリスト教徒が礼拝する神、つまり聖書の神、とを区別しています。エックハルトは「神と神性とは天と地ほどに異なる」[8]、なぜなら「神は行動するが、神性のほうは行動しないからだ[9]」と言いました。同様の区別がヒンドゥー教のニルグーナ（属性を持たない、つまり無相の）・ブラフマンと、サグーナ（属性を持つ、つまり有相の）・ブラフマンとの区別に見られます。ニルグーナ・ブラフマンは人間のあらゆる思考形式を超えた究極的実在そのものであり、サグーナ・ブラフマンはイシュワーラ（神、そして礼拝される神々の領域）として人間に思考され、体験される同一の実在です。さらに、大乗仏教では、ダルマカーヤ（法身）――究極的で超カテゴリーである実在――と西方浄土の諸仏――時あるごとに化身仏として地上に降りてくる諸仏――の領域との区別があります。また、ユダヤ教神秘主義（カバラー）では、エン・ソーフ「無限の存在」と礼拝が捧げられる聖典の神とのあいだに区別があります。ゲルショム・ショーレムの説明によれば、ユダヤ教神秘主義者は「定められた属性を持たずに、神ご自身の深みのなかで」――カバラー神秘主義者の大胆な表現を使って言えば「神ご自身の無の深みのなかで」――「永遠に知られることなく存在している隠された神」と、そして「神の生ける現存、善であり、正義であり、慈悲深い聖書の神」との両者を共に肯定しています。ですから、彼等は「われらには知るすべのない隠された神と、そして宗教体験と啓示による生ける神」との両者を肯定しているわけです。つまりは、後者は出会いとして人間によって体験される前者に他ならない、というわけです[10]。また、イスラーム神秘主義のスーフィーには、アル・ハック「実在者」――ことばでは言い表せない究極の実在――とクルアーンに啓示されたアッラーとのあいだに区別があります。そこで、イブン・アラビーはこう言いました。「こうした関係のすべてを超えるものとしての本質は神性でも何でもない……彼の者が自身を神と知ることを通じて存在することにより彼の者を神性と定めるのは、ほかならぬこの我々である。したがって、彼の者は、我々が知られるものになるまでは〈神としては〉知られていないのである」[11]。それぞれの場合において、私たちの持つ概念作用の範囲を越え出た超カテゴリー的な実在者と、そして私たち人間が知ることのできるその諸形態とは、実は二つの異なるリアリティではなく、それ自体として存在し、また同時に私たち人間の意識に衝撃を与える仕方でも存在する同一のリアリティなのです。そして神秘家たちは、その超越存在を眼では見ないけれども、心でその現存を感じ取っている——ちょうど眼には見えないけれども、肌で感じる風のように——ということなのです。

デイビッド　わかりました。宗教のさらに神秘的な側面では、そういう区別が用いられるということなのですね。けれども、神秘家とは無縁の大多数の人々の場合はどうなのでしょうか。ローマ教皇、カンタベリー大主教、長老派やバプテスト派やメソジスト派の信徒たちの場合、それが受け入れられるでしょうか。またイスラームのシーア派の最高権威アヤトラ、イスラーム法学者ムフティー、ユダヤ教のラビたちの場合はどうでしょうか。そうした区別は、彼等には、自分たちの伝統こそが最高の真理であると自負する主張を中傷するものとしてしか見えないのではないでしょうか。

ジョン　そうですね、そのとおりだと思います。カトリックの高名な神学者であるカール・ラーナーが、「未来においては、キリスト教徒たちは神秘主義者になるだろう。そうでなければ、何者でもありえないだろう」[12]とまで言いました。それにもかかわらずですよ、ほとんどの教会指導者たちは宗教多元主義と呼ばれるものをきっぱりと拒絶しています。けれども、それがどうしたというのでしょうか。

デイビッド　それがどうしたとあなたはおっしゃいますが、私が提起した主要な問題――宗教がみな互いに矛盾し合うなら、全部これを排除できますよという問題――に対処するためには、あなたはそれぞれに異なると思われる神的な本体への覚知がみな等しく真正なものと言い足さなければならないのではないでしょうか。もし、そうでないなら、それらの内の一つだけが真正なものであって、ほかのすべては排除されることになるでしょうから……。けれども、彼等は皆、それぞれが唯一の真正な宗教であると主張していますので、あなたはそれらの主張を全部突き放して、公平な観察者の立場に戻ろうとしておられるのでしょうね。

ジョン　そうです。まさにそのとおりです。そこには真正であることの基準がなくてはなりませんし、実際にあるのです。しかも、その基準は宗教自体のなかから引き出すことができるのです。その本質は「結ぶ実によって知られる」というものです。それは自己中心の変革によって、つまり自己への関心から他者への関心へと自己が変革されることによって、初めて自明なものとなる「究極者への転向」ということで成り立ちます。西から東におよぶ例を見ましょう。キリスト教徒には、この転向は自分を愛するように自分の隣人を愛するという実際の行為のなかに表わされています。この標準はイスラーム教徒にも実際に役立てられています。

敬神はお前の顔を東に向けたり、西に向けたりすることの内にはない。敬神は神を、最後の審判の日と天使を、聖典と預言者を、信じることの内にある。そして神の愛から離れているお前の親族と孤児たち、旅人たちと物乞いたちにお前の財産を支出すること、奴隷を解放すること、礼拝の義務を守ること、ザカート（貧しい人への施し）を支払い、お前が与えた誓約を果たせ。そして困難、不運、危機の時には辛抱強くあれ。[13]

東方に目を移すと、仏教の内部では、解脱とか悟りへの途上にあるというしるしは「悪意、怒り、敵意、偽善、意地悪、妬み、ケチ、詐欺、ペテン、裏切り、せっかち、自尊心、高慢、怠惰」[14]から解放されつつあるということです。そして主要な世界宗教のすべてが、生まれながらの自己中心性から超越者中心の新たな方向へと転向させる、人間存在のための救済的変容のコンテクストとして、私たちに言える限りでは、多かれ少なかれ、等しく成功もしていれば、——また無論、成功もしていない——とも思うのです。

デイビッド　そのように主張することはできるでしょうが、それを実証することはできるのですか。

ジョン　いいえ、それは確かにできません。けれども、個人的な変容ということをまず取り上げてみましょう。どのような宗教共同体にも、その内部には善と悪があり、聖人と罪人がいます。助けになるような統計や聖人の記録はありませんが、広く世界を見渡してみると、また特に、さまざまに異なる宗教の中心地域を旅行して、それぞれの宗教を信じる人々を知るようになると、そのほとんどの人たちが、自分たちのあいだには聖人と罪人がかなり平等に混在しているように思うと言って、私に賛意を示してくれるに違いないと思います。

デイビッド　けれども、あなたのおっしゃる聖人とはどのような意味なのでしょう。私はさきのローマ教皇のヨハネ・パウロ二世が、彼の前任者たちによって過去五〇〇年のうちに承認された総数よりもさらに多い四八二人の聖人を生み出したことを知っています。これらの例が、あなたのおっしゃる聖人の意味なのでしょうか。

ジョン　いいえ、そうではありません。とはいえ、確かにそのなかの幾人かはそうでしたし、また同じく確かに、別の幾人かの場合はそうではありませんでした。けれども、彼等はみな教会の政治に絡んだ、政治的理由からの公然たる聖人たちでした。私が意味する聖人、つまりマハトマ、偉大なる魂というのは、人間の善、愛と労り、他者の必要を満たすための自己供与等々の、普遍的に認められた美徳を敢然として生き抜く男女のことです。さらに、そこには、私たちの誰よりも明らかに、神に、あるいは超越者に近く、またその叡智と信仰とにおいて他者を鼓舞してやまない瞑想者たちをもそこに含めたいと思います。けれども、比較的最近になって、きわめて重大な歴史的変化が起きています。何世紀も前には、聖人と言われる人たちには、概して政治的な権力または社会の組織に影響をもたらすような機会は与えられていませんでした。彼等はたいてい修道院のなかで暮らし、世間にはただ祈りと個人的な慈善活動で影響を与えるだけでした。ところが、ここ一五〇年くらいのあいだに、政治的な影響力をもつ聖人という新しい現象が見られるようになってきています。そのもっとも偉大な例としては、マハトマ・ガンディーであり、また同じくインドのヴィノーバ・バーヴェです。さらに最近では、アメリカのマーティン・ルーサー・キング牧師、エル・サルバドルのオスカル・ロメロ大司教、ブラジルのエルデル・カマラ大司教[15]、スウェーデンのダグ・ハマーショルド元国連事務総長、そして今日では南アフリカのネルソン・マンデラ元大統領とデズモンド・ツツ大主教、そしてタイのティク・ナット・ハン師、そしてどの国にも、無数の、名の知れない人たちがいると思います。もちろん聖人といえども、完璧な人間ではありません。完璧な人間など、どこにも存在したことがありません。聖人であるということは程度の問題であって、イエスかノーのチェック欄にチェックを入れるほど単純なものではありません。

デイビッド　そして同様に、さまざまに異なる程度の、まったく宗教とは無関係な、世俗の「聖人」もまたたくさんいることは確かです。

ジョン　まったくそのとおりです。聖人であるということは、何を信じているかによって決まるのではなく、どのような生き方をしているかによって決まるのだということは強調するに値することです。ですから、今日、ますます世俗化する私たちの西欧社会では、これまで以上に、さまざまに異なる程度において、より多くの世俗の聖人が存在することになります。一般に人々は、どのような宗教的概念を用いることもなく――したがって、超越者に応答しているという自覚もないままに――純粋に道徳的な見地から、彼等の生活にかかわる超越者の求めを強く感じることができ、また現にそう感じています。けれども、いま、ここでは意味の観念を持ち込むことによって、このことをより広い文脈のなかに置いてみましょう。

デイビッド　けれども、「意味」にはたくさんの意味があると私は理解しているのですが、あなたはそれによって何を意味するのでしょうか。

ジョン　私の語法での「意味」は、いつも誰かにとっての、あるいはグループにとっての意味ということになります。ある物、ある対象の場合、私たちにとってのその意味は、その物にたいする私たちの振る舞いの適切さにあります。ですから、ナイフやフォークに関する私たちにとっての意味は、食事の道具としてそれを私たちが使うということにあります。けれども、私たちが過ごしているほとんどの時間は、ばらばらの対象物との関係においてではなく、私たちもその一部である状況との関係においてです。状況というものは多くの対象物から成り立ってはいますが、その状況自体には、その構成部分から成る全体の意味を越えた意味があります。そして、私たちにとってのその意味は、私たちがその状況内での振る舞いを適切であると考える道筋にあります。私たちの現在の状況はかなり基礎的ないくつかの哲学的問題を共に語り合うというものであり、この状況内で私たちはなすべきことをなしているということになります。これでいいですか。

デイビッド　ええ、これまでのところは、了解です。

ジョン　次の段階は、いろいろな状況にはそれに即したさまざまな意味のレベルがありますから、その点に注目することです。あるレベルには純粋に物理的な意味があります。けれども、その上には道徳的、つまり社会的な意味が重なっているかもしれません。

デイビッド　社会的と道徳的とをあなたは同一視されるのですか。

ジョン　そうです。状況の帯びる道徳的意味というものは、いつでもほかの人たちを含み込んだ事実から立ち現われて来ますから……。

デイビッド　そうですね。

ジョン　では、交通事故が起きて、ケガ人がでて、血を流しているという場面を想定してみましょう。この場合の物理的な意味は、道路があり、数台の車が止まっていて、一台の車の座席には人のからだがあり、頭から血が流れているという事実だけです。けれども、同時に、別のレベルでは、人が緊急な助けを必要としていて、誰かが直ちに手を貸して、道義的な責任を負うことになるという倫理的な状況があります。その場に必要な技能を持つ者がいれば、その人は救助活動の責任を負い、電話で救急車を呼ぶように別の人に頼むことになるでしょう。そのようにできなければ、電話で救急車を呼ぶだけでもいい。あるいは、誰かがその全部のことを済ませてくれているかもしれません。けれども、何か、なすべきことが起きたときには、誰もが皆、その何かをなそうとする責任を感じるものだろうと私は思います。そして、そのような状況に含み込まれているこの倫理的意味は、その純粋に物理的な意味とぴったり重なっています。これが同一状況における意味のさらに高度なレベルということです。

デイビッド　「さらに高度な」ですか。

ジョン　道徳は物理的な意味を前提にするということです。どのような道徳的意味を持つにしても、そこには物理的な状況というものがなくてはなりません。

デイビッド　けれども、道徳的な感覚をまったく持たないように見える人——幸いにもかなり稀なことですが——そういう人についてはどうでしょうか。恐ろしい犯罪や人殺しをしても、良心の呵責をまったく感じないような人が時にはいます。

ジョン　ええ、そういう人がいるように思います。理由はよくわかりません。しつけとか境遇によるものでしょうか、あるいは、神経系の機能不全によるものでしょうか、そうでなければ、何でしょう。よくわかりません。あなたにはわかりますか。

デイビッド　いいえ、私にもわかりません。さまざまな理論があるようですが、よく調べたことはありません。

ジョン　では、さきに進むことにしますが、さらに美的な意味というものもあります。絵画、彫刻、音楽、詩歌などの芸術的本質、つまりは自然界のことになりますね。ここにもまた、純粋に物理的な意味を飛躍させるような物理的素材があります。このことは状況にたいしてよりも、対象物にたいして一層よく当てはまります。けれども、このことをここで詳しく述べるよりも、意味のもう一つのレベル、つまりさまざまな状況のなかに含み込まれている宗教的意味ということについて話を進めたいと思います。

デイビッド　もし、そのようなものがあるのでしたら……。

ジョン　意味とは、いつも誰かにとっての意味だということを私は言いましたね。そして、宗教体験の領域に関わる者には、状況というものはただ単に物理的で、通常は道徳的な意味を帯びるだけのものでなく、宗教的な意味までも帯びるのです。状況や出来事というものは、神的な現実存在あるいは普遍的な超越性を介するものとして経験されるのです。このことは個人にも、共同体にも当てはまります。まえに宗教体験について議論していたとき、私はそのなかで、あらゆる環境が適正という新たな意味を帯びるようになって、恐れとか悩みなどというものはまったくありえないもののように思う気分になったという体験の例を、いくつか取り上げてお話ししました。これらは個人的な体験です。このような体験は、私たちの多くの者にとってはきわめて特別で、また非常に弱いものから非常に強いものまで強弱の程度はさまざまです。けれども、偉大な聖人やマハトマにとっては、そうした体験はより浸透性があって連続しており、また極めて強力です。そして共同体としては、たとえば教会の礼拝のなかでは神的現臨の秘跡的な体験というものがあります。確かに人類の最初期には、宗教体験は個人的であるよりも共同体的であったように思えます。

デイビッド　どうも、何らかの体験されるべき超越的実在があるということが、いつでも想定されているようなのですが、そのようなものがあるとは、もちろん私は信じていません。

ジョン　ええ、よくわかっていますよ。宇宙が宗教的な曖昧さを隠し持っていることはそのまま残っていますからね。

デイビッド　実はですね、そこがよく私にはわからないのです。というのも、宗教体験を怪しく思うまったく別の理由が私にはあるからです。

ジョン　あるのですか。では、それをじっくり吟味することにしましょう。

第8章　脳科学と宗教体験

ジョン　では、先に進みましょう。

デイビッド　宗教体験を信用しないとするこの理由は、先の二十世紀とこの二十一世紀に明らかになったという意味では、比較的新しいものなのです。それは、あなたもずっと長く興味をお持ちの、脳科学の研究に由来します。実験に当たった研究者のなかには、側頭葉の部位に、神秘的な臨在感に結びつく霊的超越者の強烈な感情を生み出す領域を発見したと主張する者もいます。この特定領域を刺激したときの様子について、カナダの研究者が次のように報告しています。

一般に、「人は何者かを見る」という報告がなされている。あるとき、ストロボ光を当ててみたところ、被験者はそのストロボ光のなかに、本当にキリストの姿を見たという。別の被験者は、神が自分のところに迫り来る感じがしたという。あとで被験者の脳波を調べたところ、ちょうどストロボ光を当てたときの側頭葉の部位に、以前より知られている棘徐波《きょくじょは》発作の起きていることがわかった[1]。

側頭葉の特定の領域を刺激すると、神の臨在感を生み出すことができます。当の研究者であるマイケル・パーシンガーは、このことを実証するためのヘルメットを開発しました。リタ・カーターは、次のように述べています。「このヘルメットを使った人のほぼ全員が臨在感を抱くと報告している。また、多くの人が聖母マリアやキリストといった宗教的な幻影を見ている[2]」。

また、神経生理学者のV・S・ラマチャンドランは、次のように言っています。「医学生なら誰もが教えられていることだが、左側頭葉に起因するてんかん発作を起こす患者は強烈な霊的体験をすることがあり、時には発作が起きていないときや発作の間欠期においてさえ、宗教的あるいは道徳的な問題について心を奪われている[3]」。別な言い方をすると、純粋に物理的な何かが原因となって宗教体験は引き起こされているということです。その訳は、脳のなかで同時に生じる意識的な思考の特定な発現と特定な電気化学的プロセスとが、一方は物理的で、他方は非物理的といった二つの別々の事象ではなくて、どちらも不可分な、同一の物理的事象だからなのです。

ジョン　ええ、それが公認の自然主義的な見解だということはよく承知しています。けれども、その見解は恐るべき難題に直面することになります。私が基本的に問題にしているのは、物理的な状態と精神的な状態とのあいだに横たわる根本的な違いなのです。脳外科医が、たとえば、てんかん発作の病巣を探すために患者の脳をむき出しにしているとしましょう。さらに、神経の電気的な活動を記録するための測定装置を用いて、患者が自分の意識内に起こりつつあることを伝えるのに合わせ、神経が次々と連動しながら発火する様子をたどっているとしましょう。脳には痛みを感じる神経はありませんから、手術のあいだでも、患者は意識を保持することができます。そして、ご存知のように、このことが外科医には大いに役立つのです。たとえば患者が遠方に、くすんだ緑の水平線上に沈む鮮やかな赤い夕陽を見ているとしましょう。海面にはその中間の位置に一艘の船が右から左に横切っています。そのことについて、この脳外科医が測定している電気化学的な活動、つまり灰白物質のなかで生じていて、眼で見ることも手で触れることもできるこの電気化学的な活動が、文字どおりに、この患者の意識内容を構成している視覚化された日没の光景と同一であると述べることは、本当に意味のあることでしょうか。精神状態というものは、空間のどこかに位置するようなものではありません。これにたいして脳の状態は、たとえば知覚される痛みの感覚であれば、刺すように痛い、鈍く痛い、うずくように痛いなど、いろいろありますが、脳自体のどこかが刺すように、鈍く、うずくように痛むわけではありません。脳の活動が意識的な経験の原因となると述べることは意味のあることです。脳の活動がなければ意識的な経験は起こりえないと述べることにも意味はあります。けれども、脳の活動が患者の意識を占めている視覚化された情景と文字どおりに同じであると述べることは、意味のあることでしょうか。私には、それは直観に反する非合理の極みとしか思えません。これを通常の経験だと主張すれば、脳科学者たちからはフォーク・サイコロジー（民衆心理）として排除されるにきまっています。けれども、この言葉は偏った、軽蔑的な言葉です。意識と脳とのあいだに十分な相関関係があるとする一方で、こうした証拠の積み重ねから両者の同一性が言えるなどと勝手に思うことは、ただ単純に、初歩的な誤りです。

デイビッド　けれども、同一事象をいうのに、さまざまに異なる学問分野の言葉を使い、さまざまに異なる方法で記述することのできる現象の例は山ほどあります。たとえば雷の電光を、空中で突如きらめく稲妻型の閃光として記述することができますし、また、あなたが物理学者であれば、これと同じ事象を、「雲を形成する水の微粒子か氷の粒が帯電し、これが大量に移動することにより集積電荷の急激にして大量の放電が生じた」というふうに記述することができるでしょう。ですから、事象がまったく違ったふうに記述されるという事実にもかかわらず、記述された当の事象は、実際上、同一事象なのです。

ジョン　そのとおりです。けれども、その議論が脳と意識の同一性を補強する助けになるのでしょうか。稲光りとか放電を引き起こす雲といった、論じるまでもなく物理的であるような二つの事象を例に挙げるとき、あなたは論点の先取りをしようとしておられます。二つの物理現象が同一であるかどうかではなく、一つの物理的な現象がもう一つの精神的な現象と同じであるかどうかをあなたは論じなくてはならないのです。稲光りのことを、これと類比する第二の用語で言い換えるのではなく、当の稲光りを意識がどう見ているかということを取り上げなくてはならないのです。問題は、意識がとらえた内容がそれ自体、物理的なものであるかどうかということです。

それから、放電と稲光りとが同じであるという事実は、稲光りに関する私たちの意識が物理的な事象であるということを何ら示すものではありません。

デイビッド　わかりました。では、稲光りがどう意識されるかということを取り上げましょう。これは、一つのレベルではニューロン発火として、別のレベルでは稲光りを見るという意識的な感覚として説明することができます。ですから、ニューロン発火と稲光りを見るという意識的な経験とは同じことで、それが異なる目的のために、異なる用語で説明されていると言えます。

ジョン　あなたはまた論点の先取りをされています。問題は、意識的な体験が脳のなかの物理的な出来事と正確に相関しているということとは別に、なぜ同一とみなせるかということです。この二つのことが文字どおり同一であるというのは意味のないことだと私は言っているのです。

デイビッド　でも、現在のところ、脳科学の分野で研究している人のほとんどが、意識と脳の同一性を当然のことと思っていますよ。

ジョン　ええ、そのとおりですね。どうしてかというと、ほぼ全員が私たちの文化についての自然主義的な仮説を当然のこととして受け入れているからです。けれども、その大部分の人たちは脳のきわめて特殊な狭い範囲の研究に限っているわけで、いわゆる哲学的な問題には興味がないのです。けれども、指導的な立場にある人たちはさらに大きな問題に興味を抱き、意識についてはまことに神秘なものであると結論づけています。そのように、まことに神秘なものであるならば、意識が脳の活動と同一であることは知るよしもない、ということになります。

デイビッド　誰のことをお考えでしょうか。

ジョン　あなたが始めに名前を出された、あのラマチャンドランです、カリフォルニア大学サンディエゴ校の脳及び認知科学研究所のV・S・ラマチャンドランです。彼は「二〇〇年にも及ぶ研究にもかかわらず、人間の心に関するもっとも根本的な疑問にさえ、未だに答えが出せないままであり、……意識とは何かという疑問はほんとうに大きな疑問として残されたままになっている[4]」と言っています。オクスフォードのロジャー・ペンローズは「意識的行動や意識的知覚、とりわけ理解力に関する意識的現象などは、現在の物質中心の世界像のもとでは適切な説明は見つからないだろう[5]」と述べています。またイギリスのオープン・ユニバーシティの「脳と行動に関する研究グループ」を代表するスティーブン・ローズは「意識の問題は単なる脳科学の範囲を超えている[6]」と述べています。また、別の著名な研究者であるカリフォルニア大学ロサンゼルス校のベンジャミン・リベットは「物理現象の範疇と主観的現象の範疇のあいだには説明のつかない隔たりがある。……物理的に観測可能な世界（真であると認められる範囲において）の決定論的な性質から主観的な意識の機能や事象が説明できるという想定は、信念ではあっても、科学的に証明された命題ではない[7]」と述べています。

デイビッド　でも、ほとんどの人が、どうしてそうなのかはわからないけれども、それでも心は、単純に活動中の脳であると思い込んでいるのが本当のところではありませんか。

ジョン　そうですね、多くの人がそのように思っているようです。けれども、それはあくまでも思い込みであって、真正な科学的仮説ではありません。

デイビッド　科学的な仮説ではないのですか。

ジョン　ええ、科学的な仮説ではありません。今日の大多数の人と同じように、あなたもカール・ポパーのあの教説——反証可能性といわれるあの教説——を受け入れておられることと思います。つまり大規模な科学的仮説は、もし偽であれば、少なくとも原理上は、それが決定的に偽と反証されますが、もし真であれば、絶対にその真は検証されず、ただある程度の蓋然性を有することが示されるだけだということです。そして、このことだけが本当の科学的仮説の本質的特徴だということです。もしも仮説に、決定的に対抗できるほどの観察や実験の可能性が無いのであれば、その仮説は科学的な仮説ではないということになります。稲妻の閃光が放電現象であることについて、もしこれが事実上、偽であるなら、電気的な活動が生じていないことを確認することで、実験的に偽であると反証されるでしょう。けれども、電気化学的な事象と意識の一瞬とが同一であるとすることについては、これが偽であっても、経験的にこれを偽であると反証する手段はありません。同一性のテーゼは、前提条件の付いた自然主義的な哲学を反映するものであって、もしそのテーゼが偽であっても、何をもってそれを偽であると反証することができるのか、その方法すら考えることができないという意味で、科学的な仮説ではないのです。

デイビッド　ええと、私としては、ポパーが同一性のテーゼを科学的な仮説として分類しようがしまいが、まったくどうでもいいことです。それは、科学的であれ哲学的であれ、まあ一つの理論にすぎないと言っておけば、それでいいことです。私たちの精神生活が物質である脳の働きに全面的に依存していることは、私には明らかな事実です。これは今日の社会に生きているほとんどの人が信じていることです。

ジョン　おっしゃるように、私たちの精神生活は、私たちに備わる物質的な脳に依存しています。けれどもそのことは、私たちの精神生活が脳の活動と同一であると述べることとは同じではありません。そうした考えは、あなたが多くの人々と共有されている自然主義的な思い込みから来ているように思われます。けれども、論理的な結論を出そうとするときには、そうした考えは持ちこたえられません。

デイビッド　どうしてですか。

ジョン　こう考えてみましょう。物理主義が唱えるように、世界中のどの事象もみな自然の有する宇宙的な因果体系の部分であるとします。量子レベルでは不確定要素があるのかもしれませんが、脳を含めて私たちが知覚している世界のマクロレベルでは、あらゆるものは必然性によって生じています。ですから、もし物理主義あるいは物質主義が真であるとするなら、知的な自由意志はありえないことになり、ただ因果的に、あるいは決定された思考、感情、意志だけが残ることになります。私が言いたい要点は古代ギリシアのエピクロスにまでさかのぼりますが、彼はこのように言いました。「万事が必然性の所産であると言う者は、万事が必然性の所産ではないと言う者を非難することはできない。なぜなら、当の断定もまた必然性の所産であると認めなければならないからだ」[8]。

デイビッド　それはいわゆるリバタリアン（完全自由論者）の唱える自由とか、ノン・コンパティビリスト（非両立論者）の唱える自由の見地から、あなたが考えておられるならばですが……、私には、そのようなものがあるとは信じられません。現にあるものは、全面的に決定されているものと両立する自由だけです。私たちには自由と思われていても、私たちがすることはすべて因果的に決定されているものばかりです。

ジョン　確かに、自分がすることは自由であるように思えます。けれども、物理的な世界が事実上、完全に決定されていると仮定しましょう。そうすると、この場合は、ある者には完全な決定論が通用していると信じるように因果的に決定されてはいても、他の者にはそうではないと信じるように因果的に決定されているという状況になりますね。全面的に決定されていると疑うことなく信じる人にとっては、このような状況を知ること、あるいは理性的に信じることができるのでしょうか。

デイビッド　何を言おうとされているのですか。

ジョン　つまりですね、因果的には決定されていない何者かが宇宙の外側から私たちの世界を観察しているとしましょう。その何者かは自由に考えることができ、気の向くままに注意を向け、証拠や論証を検討して、自分なりの判断を下すことができるとします。この何者かは、私たちの世界が、この私たち二人も含めて、完全に決定された体系であると見ていると仮定しましょう。ところが、地上にいる私たちが皆、完全に決定されていると見ることができるのに、この何者かは、このことを正しく信じている者たちがそれを知っていると言うのとは違った、別の「知っている」の意味で知っているのです。そのため、もし因果的に決定されていない理知的な意志がある、あるいはありうるとすれば、その非決定な心は、全面的に決定されている心ないし脳には決してできないという意味での信念を、理性的に維持することができることになります。言い換えるなら、もし私たちの信じていることの全てが因果的に信じるように決定されているとしたら、自由に判断できることは何一つもないということになります。つまり、コンパティビリスト（両立論者）の唱える自由に関してのあなたの判断さえもないということになります。

デイビッド　それについては、決定論者から、一言、こんな返答があるかと思います。要するに、私たちの脳は生物コンピュータであって、まったく論理的な筋道にしたがって結論を出していきます。ですから、決定論者も真なる結論に達するように決定されているのかもしれないと言えるのではないか、というふうに……です。

ジョン　ええ、確かに私たちは、全面的に決定されているのかもしれませんし、また、真実を信じるようにたまたま決定されているだけなのかもしれません。けれども、もしそうなら、私たちは誰一人としてこれを理性的に信じることはできないでしょう。疑問に思うことについて討論している二人のひとがいるとすれば、その二人はそれぞれ異なるプログラムにしたがって演算する二台のコンピュータのようなもので、その脇には、この二台のコンピュータのどちらが真実に達するようにプログラムされているかを知らせることのできる非決定的な外部観察者をしたがえているというようなものです。

デイビッド　わかりました。けれども、別の示唆があると聞いたことがあります。おそらく究極のプログラマーは世界そのものであって、真なる信念はそこで生きながらえていくのでしょう。ですから、進化の過程で、間違ってプログラムされた脳は排除され、正しくプログラムされた脳は生き延びてきたのでしょう。その場合、私たちの脳がすぐれた真理探究者となった過程は、厳密に言って、自然現象です。

ジョン　そうですね。けれども、ここにもまた問題があります。全面的に決定されている生物コンピュータが、どうして非決定である生物種の全体に広がるような妄想にまで行き着くのでしょうか。妄想は、生存価値を負う必要があったのでしょうね。けれども、もし私たちが単に全面的に決定されたコンピュータにすぎないとしたら、それはどういうことになるでしょうか。私たちは決められたとおりに事を運ぶだけです。そして妄想であろうとなかろうと、意識に浮かぶものは何もないはずです。

デイビッド　本当は、リバタリアンとか、ノン・コンパティビリストの唱える自由について語り合っている限りでは、あなたのほうに賛成したい気分になります。けれども、前にも言ったように、そういうものは非現実なものとして、私には受け入れられません。そしてコンパティビリストのいう自由——私たちが全面的に決定された状態にあるということと両立する自由——のほうを私は支持します。私たちは無数の状況によって、とりわけ私たちの遺伝子によって決定されているのです。

ジョン　いいえ、私たちは、状況や遺伝子によって完全に決定されているわけではありませんよ。ある人が「遺伝子とはピアノの鍵盤のようなものだ。どのような可能性があるかは決定されているが、どんな音色を生み出すかはピアニストの自由にまかされている」と言っています。状況についてもこれと同じことが言えます。けれども、私たちのあいだでは、そのことでは一致しないということで、意見が一致しているように見えますね。

第9章　脳科学についてのさらなる言及

デイビッド　そのことは別としても、まだ釈然としません。物理的原因によって宗教体験は生み出されるという道筋があまりにも多くありすぎます。前にパーシンガーのヘルメットのことをお話ししましたが、これを被ることで宗教的な幻影を見る人がいます。また、てんかんの発作を起こす人も同様に、宗教的な幻影を見たり幻聴を体験したりすることがあります。あなたは、以前、ウィリアム・ジェイムズの『宗教的経験の諸相』から引用されたことがありましたね。亜酸化窒素（笑気ガス）を自分で試したときのジェイムズの体験談の部分、覚えておいでしょうか。次のように言っています。

神秘的な意識がとてつもなくかき立てられる。吸った人は、どんどん深い真実が明かされていくような気分になる。しかしこの真実は、まさに手に入った瞬間に消え去る、あるいは逃げ去る。そして、その真実を表現すると思われる言葉がいくらか残ったとしても、それはまったく無意味な言葉であったことがわかる。それにもかかわらず、そこに深い意味があったという感覚は消え失せない[1]。

また、以前、あなたが引用された宗教体験にきわめて近い例で言えば、レイ・ジョーダンが少量のＬＳＤ（幻覚剤）を試したときの体験を、こんなふうに報告しています。

まったく文字どおりに何もかもが、経験の対象となるすべてのものが、まさに自分自身にほかならないことを実感した――普段から自分であるとわかっているものも、自分でないとわかっているもの（人々、物体、大空、大地など）も――すべてが自分自身なのである。この「自分」、つまりすべてであるこの自分は、自我のことではない。私レイ・ジョーダンがすべてなのではなく、もっと根源的な自分が、レイ・ジョーダンを含めて、すべてなのである[2]。

これはヒンドゥー教徒の神秘体験に似ています。これは脳の化学物質の変化によって、あなたのおっしゃる宗教体験が引き起こされうるということの証拠ではないでしょうか。

ジョン　いいえ、そうではないでしょう。望遠鏡を使うことで月面のクレーターが見えるような気にさせるということは、月面にはクレーターがないということの証明にはならないのと同じです。何らかの経験をしたような気になるということは、錯覚を生み出すとか、あるいはすでにそここにある何ものかに気づくようになるということでもあるのですから、もし宗教がいうところの超越的実在があるとしたら、その実在にたいする自然な気づきと、それから私たちに影響を及ぼす宗教的なシンボルや儀式や音楽、あるいは脳内に作用する薬物などの効果によってもたらされる気づきとの双方が可能となります。

デイビッド　それでしたら、教会の聖餐式では大麻を配餐したらどうでしょう――オルダス・ハクスリーの小説『すばらしい新世界』のなかに出てくる、あの「団結礼拝」で用いられるソーマ（副作用なしに宗教の効果が楽しめる妙薬）のような……。

ジョン　これは一本取られましたね……。でも、残念ながら、こうした状況で薬物を使用することには見過ごしにできないマイナス面もありますよ。薬物により引き起こされる宗教体験は、長く祈り続けたり、あるいは死ぬまで瞑想を続けたりすることで次第に超越者に近づくという、長期にわたる人格変容のなかで体験しないかぎり、多くの場合、その効果はただ一時的なものです。薬物による宗教体験は、霊的な受容精神と生活様式のなかに組み込まれているさらに長期の、さらに深い気づきとはまったく違って、当人の生き方の、ほんの束の間だけに投げかけられる、ほんの一瞬を垣間見させるだけのものです。あらゆる宗教伝統のなかの偉大な神秘家たちは、いつの時代にもホリスティックな霊性を展開させてきました。これは薬物などによる一時的な「高揚」ではなく、彼等の全生涯に関わる重大事であったのです。

デイビッド　よくわかりました。ところで、私はいくつかの興味深い研究成果を検討したいと思います。これは前にあなた自身が取り上げた内容で、アンドリュー・ニューバーグがチベットの仏教僧の協力を得て、八人の僧について瞑想時の脳をスキャンした結果に関する研究報告です。一定の時間が経ったあと、僧たちは自分たちの心が求めていた状態に達したと告げました。そこでニューバーグは、脳のさまざまな領域に流れる血液の増減を知るためのスペクト装置[3]で検知できるよう、僧たちの血流に放射性トレーサーを注入しました。すると、どの僧についても、後部上頭頂葉という無数のニューロンに向かう血流量が明らかに低下していることがわかりました。脳のこの領域の基本機能は、自分と周辺環境とのあいだの識別を含めた、空間中の方向感覚です。そこでニューバーグは、このことが瞑想による宇宙との一体感を反映している証拠であると結論づけました[4]――言い換えれば、血流量の減少が神秘体験を生じさせるもとだ、ということです。

ジョン　そうですね。けれども、何年もの修練を積んだあと、瞑想においてチベット仏教僧が精進潔斎したことにより、瞑想にはさし当り必要のない脳の特定領域において血流量が明らかに減少することになったのだという別の結論を導くこともできるでしょう。そして、もっと一般的に言えば、超越者の宇宙的臨在にたいする修行僧たちの心の放下《ほうげ》が、こうしたさまざまな脳の変化を生じさせるもとになるということです。

デイビッド　理論的には、おそらくそうなのでしょうね。

ジョン　さらに、このことについては、ジェイムズ・オースティンの膨大な書物『禅と脳』にも参考になることが書かれています。卓越した瞑想方法でもある座禅を何年にもわたって修行すると、脳の構造と機能に変化が生じて意識の新たな形態が、つまり自己の新たな形態が可能になる、というのです。「悟り」や「見性《けんしょう》」という体験、つまり心の奥深くにまで及ぶ悟得という体験は脳の構造のなかにすでに潜在能力としてある、――つまり「生来的に存在する脳の機能としてあるのだが、これが再配置されることができて、新たな形態をとるのだ」とオースティンは言うのです[5]。結果的に残るものは、実在全体との一体感、心配事・不安・恐れの完全な解消、「マインドフルネス」への集中、その他に関する平静さと温情などです。オースティンはプラグマティク（実利主義的）な自我とネガティブな自我とを区別して、こんな言い方をしています。プラグマティクな自我とは「成熟し、現実を直視し、事実に即した方法で自信を持って人生に向き合おうとする人々の、それぞれの能力のこと[6]」であって、座禅によって弱められるどころか、逆に強められる。そして、他方のネガティブな自我のほうですが、それは利己的な自己のことであって、「禅の修行者はまず定義し、特定し、それから達成しなければならない。本来的で自然な自己を破壊したり否定したりする方法によるのではなく、基本的には道徳的で他人思いの、何かをしてあげたいという気持ちの流れを同時に助長する方法によるのでなければならない[7]」と説明しています。修行者たちは、私たちの究極の仏性であり、仏教でいうところの真我ないし本我というものを回復しようとしているのであって、実は、これが現実には自我に惑わされた私たちの人間社会に浸みついた影響で覆われているのです。

デイビッド　そうですね。禅の老師たちやダライラマのような人たちがすばらしいことは認めます。けれども、だからと言って、それで何かが証明されているわけではありません。ところで、あなたはそういう人に会ったことがあるのですか。

ジョン　ええ、実際にありますよ。三人の老師、つまり禅の師家に会って、長時間話し合いました。そのうちの二人は京都の大きな禅寺の管長で、もう一人は東京で教えている老師でした。この三人の老師は、一方ではかなりの程度まで生来の自我中心性を超越していましたが、他方では「プラグマティクな自我」の極度に強い人たちでした〔訳注1〕。

　ところで、問題の本筋に戻りますが、神経生理学はそれぞれの瞬間にどちらがどちらの原因となっているかという疑問には答えないまま、ただ精神状態に関して神経との相関を記述しようとしているのか、それとも神経との相関を記述することによってあらゆる精神活動についての自然主義的な説明をしようとしているのか、一体全体どちらなのでしょう。

デイビッド　後者でしょう。私たちは現実に向き合わなくてはなりません。そして現実とは、私にとっては物理的な宇宙のことです。科学はなんとしても非物理的なもの、つまり「スープラ・ナチュラル」（自然にまさるもの）とか、「スープラ・センソリー」（感覚にまさるもの）などに譲歩することはありません〔訳注2〕。

ジョン　とはいっても、確か意識自体は非物理的なものではないですか。そして、もし意識の内面的な実態が非物理的であるなら、少なくとも意識はより大きな非感覚的な実在に結びついているという可能性を開くことにはなりませんか。

デイビッド　もちろん、そうなるでしょう。けれども、その可能性は生じません。なぜなら、意識は単純に神経活動だからです。意識は余すところなく脳の電気化学的な働きのなかにあります。

ジョン　その理屈がここには当てはまらないことは、すでに説明したとおりです。心が物から「発現する」ということを論評したジョン・オーマンの言葉を、ここでまた使わせてもらいますが、「これは交通が複雑になって警官が必要となったとき、道標が警官に取って代わると言うのと同じことである」[(8)]ということになります。ところで、また同じ繰り返しになりますが、私たちは一致しないことについてだけ意見が一致するように見えますね。

デイビッド　そのようですね。けれども、それとは別のことを是非とも知りたいと願っています。あなたはこれまでのところ宗教を擁護されてきていますが、あなたの考え自体は、教会からはひどく嫌がられているのではないかと私はかなり心配に思っています。そこでお尋ねしたいのですが、あなたの考えはキリスト教にとってどのような意味の含みを持っているのでしょうか。

第10章　キリスト教にとっての意味の含み

デイビッド　あなたの立場がキリスト教にとって、どういう意味を含むのかお尋ねしたいのですが、なにせ私自身はクリスチャンではないものですから、この場には、普通に教会通いをしているという、友人のグレースに加わってもらうことにしました。グレースにはあなたの考え――どの宗教も、究極的には同一の超越的実在にたいする、それぞれ異なる人間の言葉による、それぞれ異なる人間の応答である、という考え――を伝えてあります。そしてグレースは、どうもその考え方はキリスト教には馴染まないのではないかという疑いを抱いているようです。

ジョン　わかりました。

やあ、グレース。いらっしゃい。あなたは私の哲学がキリスト教にたいしてどんな意味を帯びるのか、やや懸念を抱いているようですね。

グレース　ええ、そうです。先生はクエーカーになられたこともあるけれど、結局は合同改革派教会で按手を受けられた牧師さんで、いまでもクリスチャンでいらっしゃいますね。事実、先生は強烈な福音的回心を経験されて、クリスチャン・ライフを始められたのですね。

ジョン　ええ、そうでした。

グレース　その点について、もう少し詳しく聞かせてくださいませんか。

ジョン　それは若い法学生の頃のことでした。私は家の伝統を継いで弁護士になり、祖父に始まり、父に受け継がれた小さな地方事務所を引き継ぐつもりでした。子どもの頃は、日曜日になると行かなくてはならなかった教会の礼拝にはすっかり退屈していましたが、それでもいつも、漠然とでしたが、宗教的に、または霊的に、何か心に触れるものを感じていました。けれども、その頃、数日のことでしたが、新約聖書のイエス像から大きな衝撃を受けて、強烈な精神的、感情的な混乱状態に見舞われました。私に差し迫り、私の承諾と応答を求めてくる「至高なる真理にして偉大なる実在」のように思われるものへと徐々に意識が深まっていきました。当初、これはまったく心に受け入れられないもの、私の個人的なアイデンティティに変革を迫る不穏で挑発的な要求以外の何ものでもありませんでした。けれども、その後、この不穏な要求は解放への招きとなりました。私に差し迫り来ていた、あの実在なるものは、厳しい要求であるのみならず、たまらなく魅力的なものにもなってきて、とうとう私は大きな喜びと興奮とともに、キリスト教信仰の世界へと入って行くことになりました。

グレース　そして、このことから通常のキリスト教信仰がもたらされたのですか。

ジョン　通常といいますか、まさに「特異なる」通常でした。福音書を再読するように導いてくれた周囲の学生仲間は福音派の学生運動「インター・ヴァーシティ・フェローシップ」（キリスト者学生会）のメンバーたちであり、私も一緒になって、原理主義神学のフルセット――聖書の逐語霊感説、七日間の天地創造とアダムとエバの堕罪、受肉神イエス、処女降誕、数々の奇跡、十字架上の死による贖罪、復活と昇天――の全部を受け入れました。そんな私を家族や友人たちはひどくうさん臭く思ったに違いありません。けれども、その時期は、法律の分野からキリスト教の聖職に就くための準備に転向することは、ごく当たり前のことのように思われました。私の場合はイギリスの長老派教会でしたが、そのときの友人たちが長老派の教会に属していたからです。この教会は、のちに会衆派の教会と合流し、現在では合同改革派教会となっています。

グレース　そして、確か、先生は、やがて按手を受けられて、ノーザンバーランド州の教会の牧師さんになられたのですね。けれども、後に、先生が受け入れていた福音派の信仰に疑いを抱かせるようにさせたものは何だったのですか。

ジョン　当時は、いわゆる「学究的な聖職」の日々でした。そして、神学的な訓練の初めとして、まずは大学の学位を取らなくてはなりませんでしたので、エディンバラで、哲学を学びました。哲学は、もちろん、問うことを教えてくれます。エディンバラでは「福音主義同盟」のメンバーでしたが、そのとき、たとえば旧約聖書に書かれている物語――イスラエルの人々がアモリ人を打ち殺すために必要とする時間を十分に与えようとして、日はまる一日、中天にとどまり、急いで傾こうとはしなかった(1)――をどのように解すべきかという、明白でシンプルな問いを尋ね始めたとき、それは「不信仰への逆戻りだ」と強く非難されてしまいました。激しい原理主義者であることからは徐々に抜け出していきましたが、基本的には何年ものあいだ、神学的には保守的なままでした。そんな状態から離れるまでには長い時間がかかってしまいました。

グレース　そして、今はどのくらいまで変わっているのですか。イエスを神の子、三位一体の第二位格と信じるキリスト教の核心的な信仰は、きちんと受け入れておられるのですか。

ジョン　いいえ。

グレース　なぜですか。

ジョン　歴史上の人物としてのイエス自身がそのように説き、そのように信じていたとは考えられないからです。それは、イエスの死後、教会が徐々に発展させたものだと私は理解しています。

グレース　けれども、イエスはこう言われたのではなかったでしょうか。「わたしと父とは一つである[2]」、「わたしを見た者は、父を見たのだ[3]」、「わたしは道であり、真理であり、命である[4]」、そして「アブラハムが生まれる前から、『わたしはある[5]』」と……。

ジョン　いいえ、ほぼ確実に、そうではありません。これらの言葉はすべてヨハネによる福音書からのものですね。この福音書は、たいていの新約聖書学者によれば、九〇年代から一世紀の終わりまでのあいだに、つまりイエスの時代が終わって七〇年くらい経つあいだに記され、また当時の教会に属する福音書記者の一部の信念を表明した最後の文書だったようです。ですから、歴史上のイエス自身による言葉であるとは到底考えられません。

グレース　教会に属する福音書記者の一部とおっしゃいますが、教会はすべて一つでした。

ジョン　いいえ、そうではありません。キリスト教がユダヤ教を超えて拡がっていった当初は、中央組織とか、最高権威といったものはありませんでした。それぞれ異なる教会で、それぞれ異なる文書が使われていました。また、最古の写本のなかには、現在の新約聖書に含まれていない文書も含まれていました。おそらく当初はパウロによる書簡から始まり、次に四福音書が続き、そのあとに他の文書が追加されたのでしょう。実際、新約聖書の公式内容が確定されるまでには何世紀もの時が必要とされました。私たちが現在手にしている内容の最古のリストは、三六七年のアレクサンドリア司教アタナシオスに由来するものです。

グレース　けれども、さきほど取り上げたイエスの言葉に戻るのですが、あのような言葉をヨハネの福音書のなかに見るという事実が、どうして問題になるのでしょうか。

ジョン　それはヨハネと他の三福音書であるマタイ、マルコ、ルカとの違いによるためです。マルコは七〇年代、つまりイエスの死後四〇年頃に書かれ、マタイとルカは八〇年代、そしてヨハネは、さきにも言ったように、九〇年代に書かれたと信じられています。最初の三福音書は多くの資料を共有していることから、共観福音書と呼ばれています。事実、マタイとルカはマルコの拡大版ですが、独自の資料も使っています。今では失われた文書であるQ資料――ドイツ語で「資料」を意味するQuelleの頭文字をとっている――も使われていた可能性があると言われていますが、この点については学者によって異論があります。共観福音書では、イエスはしばしば短い簡潔な言い回しや、絶妙なたとえ話を用いて、神の愛について教えています。けれども、けっして自分が神であるとは主張していません。実際、マルコによる福音書では、ある場合に、こんな言い方がされたと記されています。「なぜ、わたしを『善い』と言うのか。神おひとりのほかに、善い者はだれもいない[6]」。ヨハネによる福音書では、イエスは、これとは対照的に、長い神学的言説を用いて教えていますが、共観福音書にみる教えとは、形態においても、内容においても、著しく異なっています。たとえ話はただ一度だけしかしていません[7]――それをたとえ話と解するならば、のことですが……。さらに、ヨハネによる福音書では、イエスは明確に、自分が神であると主張しています。こういうわけで、ほとんどの学者は信仰のキリストと区別して、共観福音書のほうは歴史のイエスに近いと考えているのです。けれども、教会がその信仰体系のなかで継承してきたのは、信仰のキリストのほうであって、それに取って代わる歴史のイエスではなかったのです。

グレース　それでは、イエスの「処女降誕」についてはどうですか。これは、まさしくイエスに神性を与えているのではありませんか。

ジョン　イエスの処女降誕（virgin birth）という言葉が意味するのは、厳密に言えば、その清純なる受胎（virginal conception）ということであって、八〇年代になってからマタイとルカの両方で語られているものです。受胎のことは、より初期のキリスト教の記者たち、たとえば五〇年代に書いていたパウロ、あるいはマルコにも知られていなかったようですし、また他の新約聖書記者であるヨハネ、ペトロ、ヤコブ、ユダ、それから黙示録の記者にも、それに関する言及は何もありません。この物語は、このようなことが起こったとされる八〇年か、それ以後に初めて文書に現れ、マタイとルカでは非常に異なった形で描かれています。ですから、私も、ほかの大勢の人たちと同じように、これは古代の偉人たちを巡る伝説的な話だという見方に傾いています。事実、古代のエジプト人、ギリシャ人、ペルシャ人とインド人の文化のなかには、奇跡的な受胎の物語は非常に広く存在しています。主要な例としては、仏陀の誕生にまつわるこの種の伝説がありました。

グレース　本当ですか。それは知りませんでした。

ジョン　ええ、本当です。ですから、キリスト教もそうした処女降誕の物語を生んだことは、別に驚くことでも何でもありません。ただ、仏教同様、現代では、少なくとも学者の世界では、史実ではなく伝説としての見方が広く受け入れられるようになっています。

グレース　それでも、教会で唱える大事な「使徒信条」のなかには明記されていますから、やはり「おとめマリアから生まれた」イエスを、私は信じ続けます。けれども、それを別にしても、確かにイエスの復活は、とても鮮明にイエスの神性を示しているのではないですか。

ジョン　それは大問題で、とても異論の多い問題なのですよ。礼拝のなかで朗読される福音書の記事を耳にするとき、ほとんどの人はその記事を単一物語の全部とみなしているようです。けれども、そこには、二つの異なる物語があるのです。一つはからだの復活であり、もう一つは死後のイエスのビジョン、幻です。まずは一番古い福音書のマルコから始めましょう。その最古の写本は最終章の八節の途中、女性たちが空の墓を見つけ、脇にいた若者がイエスはガリラヤで弟子たちに現れるだろうと告げるところで終わっています。そして福音書は、次の言葉で終わります。「女性たちは墓を出て逃げ去った。震え上がり、正気を失っていた。そして、だれにも何も言わなかった。恐ろしかったからである」。これに続く九節からこの章の終わりの部分は、すべて後に、おそらく数十年後に、何者かの手によって付け加えられたものでしょう。結語が満足のいくものではなかったためです。「満足のいくものではなかった」というのは、後の福音書記者の視点からです。

グレース　けれども、マタイやルカではどうですか。

ジョン　空の墓に関しては、両者はともにマルコにしたがっていますが、そのあとはまったく違った、相容れない物語を伝えています。ルカによると、二人の弟子がエマオへの道の途中でイエスに会いますが、それがイエスであるとわかるのは食事中の最後の一瞬だけで、そのあとイエスは消えてしまいます。二人の弟子は急いで戻り、ほかの人たちに伝えます。すると突然、イエスが現れます。そして彼等は目を開かされます。イエスは自分のからだの傷を見せて自己証明し、彼等とともに外に出て、やがてはそこから天国に挙げられる、あのベタニアの地へと彼等を導きます。こうした出来事はすべて同じ日に、エルサレムとその近郊で起こります。そして、使徒言行録――この文書もルカによって書かれたのですが――では、すべてはエルサレムで起こり、イエスのからだの昇天をもって終わっています。このエルサレムでの出来事には、奇妙な特徴がいくつかあります。エマオへの道の途中にある弟子たちの場合、自分たちの話し相手がイエスであるとは認識していないこと、しかもイエスのほうは忽然として姿を消すことができ、またあとになって、忽然として密室に姿を現すことができることです。けれども、マルコ福音書のなかで約束したようには、ガリラヤの地に姿は現していません。

別の奇妙な点ですが、ルカによると、イエスは壁を通り抜けることができ、また思うとおりに消えたり現れたりできるといいます。だったら、どうしてマルコやマタイが言うような、墓の入り口をふさいでいるあの石を転がさなくてはならなかったのでしょうか。もしも墓の入り口が閉ざされたままで兵士によって警備されており、公式に中を開けてみたら、何と、もぬけのからだったとするほうが、よほど強い復活の根拠になったのではないでしょうか。どのみち、これは、ルカでの場合ですが……。

これとは対照的に、マタイ福音書では、イエスはエルサレムの地では姿を見せないで、ガリラヤの地で弟子たちの前に姿を見せていますが、「疑う者もいた」という好奇心をそそる加筆がされています。(8) この言葉は「不思議に思う者もいた」と訳すこともできますね。昇天のことにはまったく触れられていません。けれども、マタイには、さらに別の奇妙な点があります。イエスが復活すると、眠りについていた多くの人たちのからだが生き返り、墓から出てきて、エルサレムの都に入り、これを多くの人たちが見ていた、とマタイは言うのです。(9) このことから、二つの点に気づかせられます。一つには、当時のユダヤ教でいう復活とは、信心深いユダヤ教徒の将来の復活のことで、当然、からだの復活を意味していました。ですから、イエスのさまざまなビジョン、幻をめぐる話があったとすれば、ほぼ二世代あとのことではあっても、容易にイエスのからだが復活したという話になりえたわけです。

そして、もう一つには、マタイ福音書を読む人たちには、この点は、何の疑いもなく信じてもらえるだろうという期待感があったということです。今日とは違って、古代世界では奇跡をめぐる物語は一般的で、比較的容易に信じられていました。人々は、ふつうは根拠を求めませんでした。奇跡のことが話題に上れば、ふつうは問題なく信じられていました。

すみません、長々とおしゃべりしてしまいました。まだまだ、言いたいことはたくさんあるのですが……。

グレース　大丈夫です。実は、私の気づいていなかったことばかりでしたから……。悩ましいことなのですが、からだの復活を支持する学者は、きっと何人もいらっしゃると思うのですが……。

ジョン　ええ、いますよ。そういう学者たちの主要な論点の一つは、何か非常に驚くべきことが最初の使徒たちに起こったに違いないというものです。というのも、当初は悲惨と恐怖におびえていた男たちの一群が、最後には世界人口の三割を超えるような人たちによる運動にまで膨れ上がり、そして遂には、その男たちは自信満々たる使徒たちに変身したわけですから……。

グレース　そして、イエスが十字架上で死んで墓に埋められ、そのあと弟子たちのまえに現れたという大変な出来事にも劣らない何かが、そのように変身させたのではなかったでしょうか。

ジョン　何か非常に注目すべきことが起こったに違いないという意見には、私も大賛成です。問題は、起こったことが何だったのか、ということです。この点に関しては、聖パウロを引き合いに出しましょう。パウロは四福音書よりもはるかに早く、五〇年代にはもう数々の書簡を綴っていました。最初の使徒たちにイエスが姿を現したことを列挙したあと、パウロはこう言っています。「そして最後に、月足らずで生まれたようなわたしにも現れました」[10]。パウロがほかの弟子たちと同じように使徒とされたのは、このことによるのです。どの書簡にも、イエスが自分の前に姿を現したとは書かれていませんが、使徒言行録には二つの報告記事があります。一つは、自分がキリスト教の迫害者であったことから転じて、劇的な回心者になったことを堂々とユダヤ人の聴衆に伝えています。

旅を続けてダマスコに近づいたときのこと、真昼ごろ、突然、天から強い光がわたしの周りを照らしました。わたしは地面に倒れ、「サウル、サウル、なぜ、わたしを迫害するのか」と言う声を聞いたのです。「主よ、あなたはどなたですか」と尋ねると、「わたしは、あなたが迫害しているナザレのイエスである」と答えがありました。一緒にいた人々は、その光は見たのですが、わたしに話しかけた方の声は聞きませんでした。[11]

もう一つは、その後のこと、アグリッパ王の前で弁明しているとき、パウロは再びこの体験について語り、そのとき一緒にいた仲間たちのほうはその声は聞かなかったと述べています。ですから、明らかに、それはパウロだけに聞こえた内なる声でした。どちらの報告記事も、イエスのからだが目の前に現れたとは伝えていません――もし、現れたとすれば、パウロと一緒にいた仲間たちもその姿を見たことでしょう……。それでも、パウロは、別のところで、イエスが自分の前に現れたと述べているので、その現れは「イエスのビジョン、幻」にきまっています。つまり「心の内なる幻」だったのです。ですから、ほかの人は誰も見ていないのです。これが、「よみがえりのイエスに出会う」と言われるようになった体験についての、もっとも古い内実です。そこで、私自身の結論を言えば、おそらく弟子たちが抱いた当初の復活体験はこれに似通ったもの、つまりイエスの死後、弟子たちはイエスの幻を見たのだ、ということになります。

グレース　そうですね、それが正しいかもしれません。それでも、私としては、そうあってほしくありません。使徒言行録で読んだことを覚えているのですが、パウロは回心してからダマスコの地を訪ね、そのあと、今度はエルサレムに行って、使徒たちと会っていますね。そのとき使徒たちは、イエスが私たちの罪のために死んで、葬られ、ケファに現れ、そのあと十二人の使徒たちに現れたというメッセージを伝えていますね。それから、これはパウロによるコリントの信徒への手紙に書かれているのですが、「次いで、五百人以上もの兄弟姉妹たちに同時に現れました。そのうちの何人かは既に眠りについたにしろ、大部分は今なお生き残っています[12]」。確かに、五〇〇人もの人々の前に同時に現れたということは、幻なんかではありえないでしょう。からだであったに違いありません。

ジョン　なるほど、そうですね。けれども、そのような驚くべきことが本当に起こったのであれば、どうして福音書のどれかにそのことが説明されていないのでしょうか。ちなみに最初の疑問は、この五〇〇人という数の報告が、使徒たちから直接にパウロが受け取ったものであるかどうか、ということです。エルサレムへの訪問は、パウロが回心してから二、三年経ってからのことでしょう。そのときはイエスが三〇代で死んだあとの、さらに二、三年経ってからのことでしょう。というのも、拡大するイエス運動は、正統派のユダヤ教にとっては危険な異端行動とみなされるようになり、パウロ（当時はサウル）はこの運動を弾圧するために呼び出されたと感じていました。にもかかわらず、その五、六年後に、まだ五〇〇人もの人々が生き延びているということになります。ですから、この五〇〇人という数への言及は、使徒たちからパウロに向けられた元のメッセージであったとは考えにくいのです。それはパウロが書いていた時点で、つまり二〇年も経ってからの五〇年代の時点で、表に持ち出されてきた話の進展だったように思えます。

グレース　全部が全部、確実ではなくて、憶測のようですね。

ジョン　ええ、残念ですが、二千年も前の出来事については、ほぼ全部が確実さに欠けています。せいぜい言えることは、再構成された部分のほうに確実さの見込みがあるということくらいです。けれども、パウロが、自分の目の前によみがえりの主が現れたと語ったとき、それがからだの復活のことであったかどうか、疑わしい理由が別にもあるのです。パウロはある書簡のなかで、「自然の命の体が蒔かれて、霊の体が復活するのです。自然の命の体があるのですから、霊の体もあるわけです」。そして「肉と血は神の国を受け継ぐことはできません」と言っています[13]。ですから、パウロと初期の使徒たちのうちの何人かが、イエスの死後、イエスの幻を見た、という可能性は著しく高いように思えてなりません。結局のところ、死んだ人の幻を見るということは、さして珍しいことではないように思うのですよ。

グレース　本当にそうでしょうか。他にも何かご存知ですか。

ジョン　ええ、本当にそうですよ。一度でしたが、そういう幻を私自身も見たことがあります。私の末っ子のことですが、まだ二四歳のとき、アルプス山中で事故死しました。その数週間後、突然の瞬時のことでしたが、私に寄り添うようにして立っている息子の幻を見ました。息子はそのあと、ドアのようなものを通り抜けて去っていきました。「心配ないよ」とでも言いたげな感じでした。ほかにも、愛する故人の幻を見たという人のことを聞いたことがあります。

グレース　ご子息の惨事のことをお伺いして、本当にお気の毒に思います。そうした幻はありうるのでしょうね。けれども、だからといって、復活の現れがそれに似たものだということにはならないと思うのですが……。ご指摘のように、それは「たぶん」とか、「おそらく」という域を出ませんね。ですから、それだけでは、教会で教えられる物語にたいしての私の信仰を揺るがすものにはなりません。

ジョン　あなたの信仰を揺るがそうなど、とんでもありません。ただ、考えなくてはならない問いを提起したいだけです。ですから、最後にもう一つだけ、問いを付け加えさせてもらいます。あなたは、私がこれまで縷々説明してきた種々の考え、つまり自分の信念を確率的な判断のもとに移すという、いわば流動的な砂にも等しい種々の考えの上に自分の信念を築きたいと願うのか、それともいっそのこと、これまで論じてきたさまざまな問いはことごとく御破算にしてしまおうと決心されるのか、一体どちらでしょうか。そうして、さまざまな問いには蓋をして、果たして本当に生きていくことができると考えておられるのでしょうか。

グレース　状況は、本当のところ、もっと複雑です。礼拝に出席すると、私たちはまず使徒信条を唱えます。けれども、それが意味する内容については、あまりうるさく言う人はいないように思います。二千年来の伝統に属すると宣言するようなものだからです。それから、讃美歌を歌いますが、その歌のなかには、おそらくジョン先生には腑に落ちない歌詞がたくさんあるかと思います。けれども、これにもまた、うるさいことは言いません。それから、旧約と新約からの聖書朗読をおこないますが、その際にも、先生が言われたような、福音書のあいだの相互比較ということはいたしません。聖書の本文批判といわれることには関わらないからです。また、説教は、通常、身の回りの世間話や人生の生き方といった直截的な事柄に終始します。ですから、実際上は、先生からご指摘を受けてきたような問題には、普段は煩わされることはありません。私が教会に行くのは、雰囲気や音楽、聖書の言葉などから何らかの実質的な高揚感を得るためであり、また、友人たちとも会うためです。私はコミュニティの一部であって、私たちのあいだには、神学に関してとやかく言う人はほとんどいないように思います。もちろん、牧師は別です。それは牧師の職務ですから……。

ジョン　ええ、そのことはよく理解できますし、尊重することもできます。それから、多くの教会が地域社会や慈善に大きく貢献していることも、もちろん、よくわかります。ですが、私は教会の公式の信条には批判的な立場にありますから、私としては、それにはかなり根本的な見直しの作業をしてもらいたいと望んでいます。けれども、教会にかよう多くの友人たちには、けっして文句は言いません。今日は、私たちの議論に加わってくれて、どうもありがとう。

デイビッド　私からも、グレースに、ありがとう、を言います。ところで、ジョン、あなたの哲学からの、キリスト教にとっての意味の含みは、その信仰体系にかなり根本的な変更を加えるということ、特にイエスを神の受肉と信じる核心的な信念を放棄するということにあるようですね。それは正しいことですか。

ジョン　ええ、私の見解のなかで徐々に取り除かれていったものは、諸々の宗教にまさるユニークな優位性という暗黙の主張です。おわかりのように、もしイエスが受肉した神――つまり子なる神、三位一体の第二位格――であったなら、これは世界の諸宗教のなかでキリスト教だけが位格神（God in person）に基礎づけられたものだということを意味します。神は天から地に降り、イエスという位格をとおして新たな宗教――すなわちキリスト教――を設定したということになります。けれども、これまで私が概観してきたグローバルな宗教解釈、あるいはそれに準じるものが、もしも正しいとするなら、それはまったく不可能なことです。

デイビッド　ということでしたら、それと同じ一般原則――ユニークな優位性など無い――が、おそらくどの宗教にも適用されるわけですね。

ジョン　もちろんです。

デイビッド　では、それがどんな具合に役割を演じるのか、とくにイスラームの場合はどうなのか、いま少しお聞きしたいと思います。

第11章　イスラームにとっての意味の含み

デイビッド　前にもお話ししたように、とりわけ注目したいと思う、いま一つの宗教はイスラームです。自爆テロ、抑圧的なシャリーア（イスラーム法）など、現在イスラーム関連のニュースが報じられない日はありません。あなたのグローバルな宗教の哲学には、こうしたことに関しては、どのような意味の含みがあるのでしょうか。

ジョン　そうですね、その意味の含みといえば、現在のイスラーム内の改革者たちが提唱している内容と非常によく調和していると思います。

デイビッド　そうですか、イスラームの内部にも改革者たちがいるのですね。けれども一般には、イスラームはいまでも世界で遅れた状態にあると考えられていますが……。

ジョン　ええ、そう考えるのは、ひとまず正しいとは思いますが、信者数は増えていますよ。ですから、イスラームのルネサンスは目下進行中だと言っていいでしょう。西欧社会で何百年も前に現れた初期ルネサンスの思想家にも似た人物たちが、すでに現れてきていますから……。

デイビッド　イスラームの世界で、いま現在、初期ルネッサンスの人物と言われるのは誰のことですか。

ジョン　もっとも早く現れた人物が二人います。一人は、現在パキスタンとなっている国の出身者ムハンマド・イクバル卿、もう一人は、二十世紀初頭にスーダンで活躍したモハンマド・タハです。けれども現在では、先進的な思想はイスラーム世界のどこにでも出て来ています。先日レバノンのイスラーム最高指導者は、イエスがカトリックでもプロテスタントでもなかったように、ムハンマドはスンナ派でもシーア派でもなかったと、きわめて意味深長なことを口にしました。

学者のなかでは、フランスにモハメド・アルクーン、インドにアリ・アシュガル・エンジニア、チュニジアにモハメド・タルビ、トルコにマームート・アイディン、アメリカにファヅラー・ラーマン、南アフリカにファリド・エサク、イギリスにタリク・ラマダンがいます。それからイスラームの女権論者には、モロッコにアミナ・ワドゥとファティマ・マミサ、アメリカにマームード・アユーブがいます。そして、おそらく一番重要な人物としては、現在アメリカで教鞭を執っているイランのアブドゥルカリム・ソローシュですね。

デイビッド　どうしてソローシュが一番重要な人物なのですか。

ジョン　おそらくもっとも急進的な人物で、問題の核心にもっとも直截的に、また真剣に取り組んでいる人物だからです。イラン革命の初期、シャー政権が打倒されたとき、ソローシュはホメイニ師を支持し、文化・教育の改革にアドバイザーとして活躍したのです。けれどもその後、イスラームの神権政治に失望し、イランで民主主義を唱道するようになりました。二〇〇五年、ソローシュは『タイム』誌に、世界でもっとも影響力をもった一〇〇人の人物のなかの一人に数えられました。彼は科学と神学の両方に研鑽をつんだ実践的なムスリムです。著作は広範囲にわたっていて、ペルシャ語――、それも古代ペルシャのファルシ語――で書かれており、これまでにはそのうちの二点だけが英語に翻訳されています。

デイビッド　それではイランのこの人物を、あなたのおっしゃる「イスラーム・ルネサンスの萌芽」の窓口とすることにしましょう。

ジョン　というか、「将来のルネサンスに向かう改革の唱道者」と言うほうがいいかもしれません。このソローシュの言っていることの一つに、ムハンマドの啓示体験は本質的にユニークなものではなく、それは宗教体験の無類の「模範事例」(四)[1]であったというものがあります。私ならば、それを無類のではなく、一つの模範事例であったと言いたいところですが……。別の事例としては、イエスやゴータマ・ブッダの宗教体験があります。けれども、ここから導き出される重要なことは、ソローシュによれば、クルアーンとなった諸々の啓示は、必然的に、歴史のある特定の時点、特定の文化のなかで形成され、人間精神を介して取り次がれたもの、また、それ自体の概念構造を具体化するための特定の人間の言語で表現されたもの、としている点です。さらに、

啓示のメッセージもまたその場の状況に応じて変化する。メッカでは、「預言者」の仕事は

人々に活を入れ、警告し、覚醒させることだった。古いドグマを打破することこそが、彼の大事な仕事だった。そのため、鋭く見識のある説教や断定的で観念的な立場が必要とされた。しかしメディナでは、創成し、使命を遂行し、教えを確立する時期だった。そこで必要とされたものは法の制定とすべてを包摂した長い説明、そして人々との対話だった。もちろん、そこでは宗教的で預言者的な経験のための、まさに「預言者」たるものの忍耐力もまた育成された。そのため、啓示のメッセージの形式や内容も変化した。どのような体験であれ、それは育ち、熟するものであるということの、まさにこれこそが規範なのである。（一一）

デイビッド　この部分には、あなたに説明してもらわなくてはならない事項がたくさんありますね。私の知らない歴史の知識が前提になっているようですから……。メッカとメディナでは、一体何がどうなっていたのでしょうか。それに、どうしてメッカの住民たちを奮い立たせる必要があったのでしょうか。

ジョン　まずはムハンマドのことから話しましょう。彼はおよそ紀元五七〇年にアラビアのメッカ——現在のサウジアラビア——で生まれました。商人として生計を立てましたが、その前は羊飼いでした。二五歳の時に結婚しました。アラビアは部族内で抗争することがたびたびありました。住民たちは多神教で、たくさんの神を崇めていました。巨大な聖殿、あのカーバ聖殿があるおかげでメッカは巡礼地となり、その地には巨万の富がもたらされました。けれども四〇の歳を迎えたときに、ムハンマドはその文化のありように深く疑問を抱き、瞑想するためにメッカの郊外にある洞窟に引きこもりました。そしてその時、最初の啓示体験をしました。これは本質的に、「神は一なり」というものでした。神々ではなく、唯一の神——アラビア語でそれを意味する「アッラー」——がおわします。それゆえに、イスラームの信仰告白では「アッラーの他に神はなし」と唱えるのです。ですから、真の礼拝は小文字で始まるislam（イスラーム）、つまり神への絶対服従なのです。

デイビッド　それが新しいことだったのですか。

ジョン　そうです。そして、それが当時のメッカでは危険なメッセージでもあったのです。それは多くの神々を否定し、財政の頼みにしていた聖殿を浄化することを意味したからです。そうなれば巡礼は途絶え、町は貧しくなってしまうでしょう。それでメッカの支配層は激しく反発し、ムハンマドとその弟子たちは命の危険を感じてメッカを離れ、メディナに向かったのです。この移住は「ヒジュラ」（聖遷）と名付けられ、イスラーム暦はこの日に始まります。そしてメディナでは、ムハンマドは「祈りと貧者の福祉を達成し、善を勧め、悪を戒めよ」（二二章四〇節）とのクルアーンの言葉にもとづいてイスラーム共同体を創設しました。この新しい共同体には自治の法があったのです。

デイビッド　その法というのは、どの法だったのですか。あの「シャリーア」と呼ばれるイスラームの法だったのですか——盗人の手を切り落とし、姦通者は男でも女でも石打の刑に処し、また一夫多妻制を定めた、あの法だったのでしょうか。またその法によれば、法廷では、女の証言は男の証言の半分しか効力を持たないし、夫の口からただ一言「離婚」という言葉が発せられるだけで離婚が成立するのに、妻からは何も言い出せないと聞いていますが……。

ジョン　そうです、そのとおりです。ですが、微妙な点に注意する必要があります。たとえば姦通罪を主張するためには四人の証言が必要ですが、これは明らかに無理な相談です。また今日では、こうした刑罰や差別を実施しているのはごくわずかのイスラーム国家、実際にはサウジアラビアだけですが、この国はイスラーム思想の特別の派閥、デオバンド派に支配されているのです。パキスタンでの状況はさまざまです。刑罰を厳格に実施しようとする試みはありましたが、同時期の一九六一年の法律では、一夫多妻制と夫の一方的宣言による離婚は違法ではありませんが、難しくなりました。インド亜大陸にあるもう一方のイスラーム国家、バングラディシュでは、すべて対照的で、そのようなことは一切実施されていません。同じように、世界で最大多数のムスリム人口を擁するインドネシアでは、より緩やかな形式のイスラーム法が実施されていますが、これはこの地に最初にイスラーム信仰をもたらしたスーフィの宣教師たちの影響によるものです。

デイビッド　スーフィとはどんな人たちのことですか。

ジョン　スーフィはイスラーム内の神秘家たちのことです。彼等はほかの宗教の神秘家たちと同様に、エゴイズムのエゴ（自我）を浄化することで神の現臨を体験することができると信じています。なかでも、もっとも有名なのはルーミーです。十三世紀の人物ですが、この人物に関する研究ではソローシュ博士が権威です。世界の諸宗教に関して語ったのはこのルーミーで、「ランプの形は違えども、光は同じ。光は彼方からやってくる」[2]という名言を残しています。今日、スーフィ思想の感化を受けて、多くのイスラーム社会のなかに浸透しているのが、寛容にして違いにこだわらないという精神です。

デイビッド　わかりました。では、話をソローシュに戻しますが、彼はスーフィ思想に影響されているのですか。

ジョン　ええ、明らかにそうですね。けれどもソローシュは、ムハンマド自身は神秘家ではなく一人の預言者であったと信じています。それも神の現臨を体験しただけでなく、自分が神に命じられたメッセージを発し、この世をかならず変えてみせると確信する、一人の預言者でもありました。ムハンマドは、神の意志を理解する能力を育みながら啓示を運び伝える、まさに生ける人間の器であった、とソローシュは強調しています。そしてクルアーンの一節（二五章三二節）を、次のように平易に言い換えています。

あなたが自信を増すように、あなたがより逞しくより毅然となるように、あなたが疑念に威圧されず惑わないように、あなたが直面する反対や不和にあなたの決心が蝕まれないように、あなたが「預言者」であると知るように、私たちはあなたにクルアーンを一歩ずつ解き

明かすことにしましょう。（九）

ソローシュは、ムハンマドをとおして啓示が人間に受けとめられるようになった次第を、次のように述べています。

特定の言葉、特定の概念、特定の方法（フィクフと倫理）[3]による。このすべては特定の時と所（地理的と文化的）、特定の身体的、精神的な能力を備えた特定の人々に生起する。「預言者」は明確な反応と疑問に直面し、これらに応じて明確な回答をなす。宗教の流れは回り回ってやがては出来事となり、ある者には黙諾へと向かわせ、他の者には来ることを拒む。信じる者と信じない者とは互いに特定の関係に入り、やがては宗教に陥る。宗教的な概念や経験を深めたり広げたりしながら、あるいはこれを潰したり害したりしながら、両者は争い、あるいは文明を築く。（九〇―一）

そしてこのすべてが、今日のムスリムにとっての重要な実践的意味の含みとなっているのです。

デイビッド　どんな意味の含みなのでしょう。

ジョン　宗教における本質的なものと偶発的なものを区別して、ソローシュは、イスラームの場合を偶発的なものと見なしています。その一つがアラビア語です。彼の指摘によれば、「『イスラームの預言者』にとっては、自分の言語がペルシャ語、サンスクリット語、あるいはラテン語となるためには、イラン人、インド人、あるいはローマ人のいずれに生まれたとしても不足はなかったであろう」（七〇）と言っています。また、言語をフルートになぞらえて、フルート奏者にはフルートで吹いてみたいと思う曲はなんでも吹くことができるが、フルートにそなわった本来の性質を超えては、それはできない。これと同じで、アラビア語にはその言語に特有の性質、リズム、メタファーがあるのだ、と言うのです。

それから、もう一つの偶発性はムハンマド時代のアラブ文化です。つまり、その砂漠に起源を持つ風習、世界観、伝統です。こう述べています。

天国には黒い瞳のフーリ（処女）たち（青い瞳の女たちではない）が天の幕屋にかくまわれているとクルアーンは語っている（五五章七二節）、駱駝がどのように創造されたかを考えるようクルアーンは人々に求めている（八八章一七節）、アラブ人には熟知されている温暖気候の果物のこと、……太陰暦が使用されていること、……天国には「高みにある玉座、整然と並ぶ祝杯、美装された座布団、敷き詰められた絨毯」があること等々が描かれている（八八章一四―一六節）。……こうしたことのすべては、アラブ民族の関心・感性・部族活動・暴力・接待・慣習・風習・環境・生活がいかにしてイスラーム的思考の核心部分を強靭な体質にまで発展させたかという事態を如実に物語っている。（七〇一）

また、クルアーンのキーワードには「アッラー」以外にも、さらにたくさんあって、

これらはアラブ民族のものであり、彼等の文化と世界観が生み出したものである。それにもかかわらず、イスラーム内部で、また権威の新たな源に関連して、彼等は新たな精神と色調を帯びることになった。言い換えると、「イスラームの預言者」はアラブ文化内に手を加え、これを新たな構造物に作り替えるために、これに関連しつつも、これをさらに超える用材を使ったのである。（七三）

さらに、他にも数多くの例を挙げて、クルアーンが交易の民と砂漠の民から成るアラブ文化に根差したものであることを示しています。

デイビッド　そうですか。いずれの説ももっともだと思いますが、どうもソローシュはイスラームを相対化しているように見えるのですが……。

ジョン　いいえ、そう言ってしまえば誤りになるでしょう。ソローシュはイスラームの、またどの宗教についても、偶発的な出来事を相対的に見ているのです。けれども、そうすることでイスラームの核心部分、つまり神の唯一性と神への絶対服従（小文字の islam イスラーム）ということを明らかにしているのです。ソローシュはこう言っています。

もし、イスラームがヒジャズ（サウジアラビアの古名）ではなく、ギリシアかインドに現れていたなら、そのギリシアかインドのイスラームの偶発事――核心に触れるほど深くにまで浸透する偶発事――は、アラブのイスラームの偶発事とは大いに異なっていただろうということは疑問の余地はない。たとえば、ギリシア哲学の強力な物の考え方は「イスラームの預言者」に、彼の話し方を変えさせてしまうほどの、さまざまに異なる言語ツールや、さまざまに異なる単語システムを供与したことであろう。それに劣らず同じくらいに、今日でも、何世紀にもわたる往来と辛苦を経て、イラン、インド、アラブ、インドネシアのイスラームは宗教的な文書の証言において（多くの類似性があるのと同じくらい）大いに異なっている。それも見ただけでわかる相違ではなく、宗教理解や宗教文化の深層において異なっているのである。（七七）

クルアーンの啓示が当時の文化から影響を受けたとするもう一つの点は、啓示が前提としている科学的な知識です。さらに引用して言えば、「クルアーンは現在のものより長くも短くもできたであろうが、それでもクルアーンであることに変わりはない。なぜなら、クルアーンがクルアーンであるのは、その偶発的なものによるのではなく、その本質的なものによるからである」（八一）。そしてソローシュは、「これら偶発事が宗教に入り込んでいるのは、明らかにその宗教がダイナミックな対話体の性質を有しているからだ。偶発事は、時代の出来事や『預言者』の実体験に歩調を合わせてこの宗教が変わっていくという、その変わり方を実証しているのだ……」（八一）とも述べています。

デイビッド　実に道理にかなっていますね。けれども、鞭打ちの刑、手首の切断、その他これに類する刑罰に関しては、シャリーア法はどうなのでしょうか。これが本質的なものか、偶発的なものか、ソローシュはどう言っているのでしょう。それがイスラームの核心部分にあるのか、それとも破棄することのできるものなのかどうか……。

ジョン　ソローシュによると、それは偶発的なもので、時代の文化と必要性に由来し、イスラームの核心部分ではないということです。彼は盗人の手首を切断することに言及して、それは伝統的な宗教が完全であって、死後の幸せのために必要とされる一切合切を含み持っているとする「マキシマリスト」（最大限主義者）の間違った考えの例だとしています。これに反対して、ソローシュは「ミニマリスト」（最小限主義者）の考えを唱道しています。その考えにしたがえば、

私たちはそれよりも諸問題の解決に向かい、彼等のこの世的な成功に全努力を注がなくてはならない。そして「フィクフ」（シャリーア法）の勧告が今日の複雑きわまる先進的な社会において、たとえば商取引、婚姻、銀行業、賃貸、窃盗、報復（法的返報）、統治、政治等々の問題に望ましい結果を出さない場合には、その勧告は変えていかねばならない。別言すれば、「フィクフ」はこの世的で実践的な法学であり、実践的な配慮から常に追加されたり、

削減されたりするものなのである。（九八―九）

ついでながら、ソローシュはこの種のことを、さらに別の著書のなかで展開させています。それは『イスラームにおける理性、自由、民主主義』という表題の英訳版で入手できます[4]。けれども手首の切断の一件に戻ると、この著書のなかでのインタビューで、ソローシュは極めて明快に、こう言っています。

宗教のいくつかの部分は、歴史的に、また文化的に定められたものであって、今日ではもはや通用しない。たとえばクルアーンに規定されている肉体的刑罰がこの事例に当たる。もしも「預言者」が別の文化状況のなかで生きていたなら、彼のメッセージのなかにはこうした刑罰が書かれた部分はおそらくなかったであろう。（二七五）

デイビッド　ここは全部気に入りました。ですが、他のムスリムの人たちは、これをどう思っているのでしょうか。ソローシュのいう改革案は広く受け入れられているのでしょうか。

ジョン　残念ながら、そうではありません。ソローシュの著書には追記があって、そこにはイランの宗教指導者ソバニ師との文通が掲載されています。ソバニ師の言葉は大変厳しいものです。その一例ですが、前回の討論（イマーム職やカリフの地位を主題にした討論）では、ソローシュ博士はシーア派のイマーム（導師）たちに向かってきわめて冷淡でした。さらにソローシュ博士は、ここで道を踏み外して、啓示の領域とクルアーンに向けても冷淡になりました。そこで私は神に乞い願うのです――「ここでソローシュ博士を押しとどめ、これ以上、道を踏み外すことがないように……。来世で得られるはずの（きっと彼も真剣に望んでいるはずの）至福がこれ以上危ういものにならないために……」と。（二七八）

ソバニ師は、またソローシュの「野蛮で論外な意見」にも触れて、「クルアーンのことを、誤りを犯しやすい人間が書いた書物だと公言したことで、あなたは自らをイスラーム共同体から疎外なさった」とも述べています（二八六）。こうしたすべての経緯は、かつて私に向けて発せられたキリスト教の、あの原理主義者たちの口振りを如実に思い出させるものです。

けれども、ソローシュの立ち位置がきわめて物議を醸しやすく、多くの、実際に大半のムスリムたちから反感を買っているのは事実です。サウジアラビアのワッハーブ派であれば、おそらくその立ち位置は神への冒瀆とみなすことでしょう。ですが、世界中のムスリムの大多数は貧しく、教育も十分でなく、その多くは生きていくのもままならない難民たちです。イスラーム世界の一人あたりの収入は、西欧社会の一〇％でしかありません。哲学的な議論などにかまっている暇もなければ、関心もありません。イマーム（導師）やマラ（教師）が教えることばに、ただ黙ってついて行くだけの状態です。

デイビッド　ソローシュは本当に議論好きのようですね。一体全体、彼の考えのどこに論争の火種があると思われますか。

ジョン　それはソバニ師が言っているように、クルアーンの著者がムハンマドであったとする考えにあると思います。「啓示はインスピレーション（霊感）である」という言い方をして、その意味するところはこうだと説明しています。

詩人の体験も神秘家の体験もみな同じレベルにあるが、預言者たちだけは格別に高いレベルにある。私たちが生きている現代では、啓示の理解は詩のメタファーを使って可能となる。……詩人は外界から何かを吹き込まれたように感じる。何か大事なことを受けとめるのである。そして詩は、まさに啓示がそうであるように、天賦の才、タラントである。……彼（ムハンマド）が神から受けとめるものは啓示の内容である。ところが、その内容は、そのままでは一般の人々に受けとめてはもらえない。なぜなら、啓示の内容は人々の理解を超え、人々の言葉さえも超えているからである。啓示には形がない。そこで、この形のないものに形を与えて、これに近づきやすくさせるのが「預言者」の、人としての活動なのである。重ねて言うが、「預言者」は詩人にも似て、かのインスピレーション（霊感）を自分の知っている言語で、自分の身につけた文体で、自分の抱いているイメージや知識で伝えるのだ。（二

（七二―三）

デイビッド　その言い方に沿えば、クルアーンは誤りを免れないもののように思えるのですが……。

ジョン　その同じインタビューで、ソローシュは、次のようにも言っています。

伝統的な見方では、啓示は絶対に誤りのないものである。しかし今日では、神の属性、死後の生命、礼拝の規則など、純粋に宗教的なことがらに限って言えば、啓示は誤りを免れないものであると解釈する人がますます増えている。……歴史的事項、ほかの宗教伝統、あらゆる種類の実際的な世俗的事項についてクルアーンが述べていることは、かならずしも真（true）である必要はない（二七三）。

そしてソローシュは、次のように信じています。

それは彼（ムハンマド）自身の言葉であり、彼自身の知識であった。また地球について、宇宙について、人類の発生について、彼が身の周りの人々以上に多くのことを知っていたとは私は思わない。彼は今日の私たちが持っている知識を持ち合わせてはいなかった。しかし、だからといって、彼の預言者的性格を損なうわけではない。なぜなら、彼はれっきとした一人の預言者であって、科学者でも歴史家でもなかったからである。（二七三―四）

デイビッド　確かにソローシュは、すごく道理に沿って、明確に物を考える人のようですね。ソローシュには、大いにイスラーム思想を変革してもらいたいと思います。けれども、今日の実際のイスラームについてはどうなのでしょうか。タリバンやアルカイダの暴力、自爆テロ、女性への抑圧などはどう考えたらいいのでしょうか。

ジョン　そうですね、そうした実情から、もちろんイスラームも含めてのことですが、宗教のもたらす善いものと悪いものという、さらに大きな問題へと向かわせられますね。では、次はこの問題に移ることにしましょう。

第12章　諸々の宗教――それは善いもの、悪いもの？

デイビッド　では、話を進めましょう。
いま私が考察してみたいのは、普通の人々の暮らしに実際に影響を与えるような、実生活における宗教です。数年前におこなわれたＢＢＣ放送の調査を覚えていますが、「宗教は善いことよりも悪いことをしたほうが多かったと思いますか」と質問された人々のうち、七六％がそうだと言い、二四％がそうではないと言っていました。ちなみに、私は七六％のほうに加わりたい気がします。まえにグレイスが言っていたこと、覚えておいででしょうか。教会にかよって、それで得られる恩恵について熱く語ることは、彼女にとっては誠にけっこうなことです。そのことに疑う余地はありません。けれども、彼女がかよっているような教会は、宗教が何世紀も持ち続けてきた勢力、今日でもまだまだ世界の多くの地域で保ち続けていると思われている勢力を、今ではかなり弱めています。いま、ここでは全体的な観点から考察してみたいと思います。
ジョン　ええ、そうしたいですね。そうすると、まず始めには、宗教そのものと諸々の宗教とを区別しなければいけませんね。ここでは、ウィルフレッド・キャントウェル・スミスの考えに倣うことにしましょう。

デイビッド どんな人なのですか。

ジョン もう過去の人になっているのですが、ちょうど西暦二〇〇〇年に、高齢で亡くなっています。ハーバード大学に世界宗教研究所を創設し、指導にあたったカナダ人の学者です。とても学識の深い人で、サンスクリット語はもちろん、ヘブライ語やギリシア語、それにヨーロッパの数か国の言語に精通していました。一時期は、現在パキスタンと呼ばれている国で研究していて、世界的な宗教の比較研究はもちろん、イスラーム研究の権威でもありました。そして、ただ一つではなく、多くの真なる宗教が存在するという見方、いわゆる宗教多元主義の見解を発展させた、西欧での最初の主要な思想家でした。

名著である『宗教の意味と終極』(1) のなかで、キャントウェル・スミスは、一方の「宗教教団やその信条、神学や儀式をも含んだ諸々の蓄積的伝統」と、そして他方の、彼が「信仰」と呼んだもの――それは超越者に向けられた個人の応答を意味していましたから、その意味にもっとも適した言葉であるようには私には思えないのですが――とを区別しました。ここでいう彼の「信仰」とは、宗教のもつ内面的な経験の側面のことですからね。とはいえ、この区別は非常に重要です。というのも、宗教教団そのものは一筋縄ではいかない歴史をもっているからです。実のところ、何世紀にもわたって宗教教団というものは、世界中で、善いことと悪いことの両方を同じくらいしてきたと私は言いたいのです。

デイビッド 諸々の宗教は、いままでに本当に有意義な、何か善いことをしてきたのでしょうか。

ジョン たくさんしてきましたよ。何億もの人々のために有意義な枠組みや壮大な物語、あるいは架橋となる神話などを提供してきました。それに、病院や学校、大学などの設置に努めてきました。さらには、人々が共同体としてまとまり、連携して自分たちの社会に利する機会を呼び込み、地域のニーズに応えるようにも仕向けてきています。

デイビッド けれども、先ほど、あなたがしっかり認めたように、宗教は途方もなく多くの悪にも加担してきましたよね。抑圧の道具となり、国家の権力機構の一部となることが度々ありました。十字軍の支援、戦時における両陣営への加担、奴隷制度の正当化、女性にたいする男性の抑圧、貧者への搾取等々。そうして宗教は、強大になればなるほど非寛容になり、残忍になっていきました。教義を疑問視する者は異端者と決めつけ、無数の女性を魔女として火あぶりにしました。そうやって思想と表現の自由を抑圧してきました。パスカルが「人間は宗教的信念のもとでこそ徹底的にかつ喜び勇んで悪を為す」と言ったとおりです(2)。

ジョン まったくそのとおりです、それ以上であるのかも……。ですから、歴史に登場した宗教教団がどれも超越者にたいする直接的な応答であるとはとても言えないのです。諸々の宗教は、当初は多大な影響力をもつ個々人から始まり、その後、超越者にたいする集団的応答へと発展していきました。けれども、発展していくにつれて徐々に人間的なものになり、やがてあまりにも人間的なものになり過ぎていったのも事実です。言うなれば、それは必要悪です、永久に……。というのも、私たちは集団で暮らす者同士ですから……。

現代の世俗化したヨーロッパではどの教会も比較的無力なので、それだけに比較的無害です。そこでは確かに、その影響は非常に限られてはいるものの、全体的にはほぼ善いものになっています。ある種の教会礼拝をはじめ、個人のニーズに応える牧会配慮や、社会への波及効果をもつ公的な活動には美点があり、また人にも訴えかける力があります。

デイビッド おっしゃるとおりです。けれども、アメリカの一部、アフリカの一部、また南米のように教会の力が一層強いところでは、さらに有害なことがおこなわれています。ご存知のように、アメリカには保守的な宗教と保守的な政治のあいだに強い相関性がうかがえます。

ジョン ええ、それには異議は唱えません。

デイビッド あなたには、幾分か異端者であるような側面が見受けられるのですが、そういうところからの影響ですか。

ジョン 実のところ、そうなんです。ほんのわずかばかりですが……。アメリカにいたとき、一時、長老派の教会のプリンストン神学校で教えていました。当時はイギリスの長老派教会の牧師でしたが、そのときはまだ、長老派教会は合同改革教会と合併していませんでした。

長老派の牧師、あるいは合同改革派の牧師が新しい土地に移動すると、その牧師はその地域の長老会、このときはニューブランズウィック州の長老会に、自動的に加入申請されることになっていました。その申請を受け取る委員会の会長が、そのときは、たまたま根っからの原理主義者でした。関連の委員会で出会ったとき、会長は私に「教会の公式な信仰宣言である一六四七年のウェストミンスター信仰告白のなかに何か疑わしいと思っていることはないか」と聞いてきました。そこで私は、六日間の天地創造から始め、アダムとエバ、園とエデン、ヘビと禁断の木の実、地獄の業火に定めるという神の予定説、そして遂にイエスの処女降誕（virgin birth）――いや、清純な懐妊（virginal conception）というべきでしょう――のことまで話しました。このことには、私は肯定も否定もしていなかったのですが、これがよもやキリストの神性をいう中心的な教義に結びつくことはあるまいと思い、当時はまだこれを全面的に受け入れていました。

ところが、「処女降誕」のところで、会長の怒りに火がついたのです。この人物はジョン・グレサム・メイチェンと言って、『キリストの処女降誕』（*The Virgin Birth of Christ*）という本の著者であり、一九二九年、超保守的なウェストミンスター神学校を設立したひとだったのです。とはいえ、長老会全体としては、私が条件を満たす満足すべき者として、私の加入を受け入れてくれていました。ところが、クライド・ヘンリーという議長とその他の人たちが、さらに上部組織であるニュージャージー州の教会会議に「不服申し立て」をし、驚き仰天したことには、それが受理されたのです。もしこれが認定されれば、私は失職することになります。というのも、神学校の教授は、これを所有する長老派教会連合の牧師でなければならなかったからです。そういうわけで、今度は別の「不服申し立て」が教会の最高権威である教会総会に提出されました。総会は年に一回開催されるもので、あと数か月後に迫っていました。教会の役員たちは、できるだけ神学論争は避けて、神学上というよりむしろ管理上の問題として対処したいと思っていました。

そもそも各長老会に、誰を仲間として受け入れるべきか否かを決定する権利があったのでしょうか。答えは、結局のところ、「然り」、あったのです。教会会議の決定は反転し、地方の長老会による当初の決定が支持されたのです。ですから、万々歳でした。けれども、この件をめぐっては、しばし報道を賑わわせ、私自身は訪問取材を受けたり、支持者や反対者から寄せられる山のような手紙に返信したりすることで、大忙しでした。

デイビッド　それはちょっと恐ろしい経験でしたね。

ジョン　実際はそうでもなかったですよ。その出来事全体は、基本的には馬鹿げたことのように思えましたが、もしこれが十九世紀の中頃のことであれば、容易に理解されたことでしょうね。けれども、二十世紀の半ばではだめですね。この問題が教会総会の神学委員会でなく審判委員会で審議されると知ったとたんに、その結果がどうなるかは、私にはよく分かっていました。たとえ負けたとしても、適当な別の仕事に移れるはずだと、かなり確信していました。事実、すでにテキサス州の大学からは声がかかっていましたし、機会さえあれば、ほかの展望もひらけてくるだろう、とね……。

デイビッド　とにかく、それがあなたのトラブルの終わりだったのですね。

ジョン　いいえ、まだでした。何年も経ってからのことですが、ロサンゼルス近郊のクレアモント大学院大学で教えるためにイギリスから戻ったときのことです。サンガブリエルの土地の長老会に加入申請をするという問題がふたたび起きたのです。不毛な論争で時間を無駄にしたくなかったので、長老会の会員である同僚たちに助言を求めました。そうしたら、皆は、問題なしに事は進むだろうと言ってくれました。けれども、そうはいかないことが分かりました。地域の原理主義者たちが二〇年以上も前の私の「聖母マリア問題」を覚えていて、私の申請が長老会に受理されると、抗議を始めました。このときの主要問題は処女降誕説ではなく、諸々の宗教にたいする私の姿勢でした。ロサンゼルスのユダヤ人社会はテルアビブとニューヨークに次いで、世界で三番目の大きさでした。それで私は、ロサンゼルス地域のユダヤ教とキリスト教とイスラームの対話グループを組織しました。その地域には仏教のかなり大きなコミュニティもあったので、その人たちとの関係も進展させました。

私はキリスト教の信仰だけが救済への道となるのではないと考えていました。このことは、より保守的な信者たちにとってはまったく受け入れられないことでした。ついに関連委員会は、私に、教会の一致のために私の加入申請を取り下げる気はないかと聞いてきましたので、そうすることに同意しました。教会との論争に時間と労力を取られたくなかったし、それに長老会の会合に出席しなくてよいのはとても嬉しいことでした。それで会合のことは長老会に任せて、教えることと執筆することだけに専念しました。けれども、このことはすべて、別の教会に属している進歩的な友人たちの何人かの経験に比べれば、たいしたことではありませんでした。

デイビッド　どんな経験なんですか。キリスト教徒が互いにいがみ合うなんていうことには、かえって興味をそそられますが……。

ジョン　そうでしょうね、あきれた話です。たとえば、ドイツ人のカトリックの友人がミュンヘン大学のカトリック神学部で教えていたときのケースがあります。彼、ハビル博士は、二つ目の博士号を取るための論文を書きました。この博士号の保持者には教授職に応募する資格が与えられるのです。彼はその論文のなかで宗教多元主義を分析し、これを支持したのです。同僚たちによる公開審査が始まる前に、ミュンヘンの大司教は学部長に電話をかけて、その論文は教会の教えに反するから合格にはしないようにと伝えました。けれども、教授たちは合格にしました。

大司教は、その後、カトリックの神学部の教授職に応募するために必要な証明書を、この友人には与えることを拒みました。彼はカトリックでしたから、プロテスタントの神学部には応募できなかったのです。当時はどちらか一方を選ぶしかなかったのです。しかも、彼は有期で教えていましたから、そこに留まって教え続けることはできませんでした。ですから、彼のアカデミックなキャリアの道はそこで閉ざされたかのように見えました。もしもイギリスの、ある大学に新たなポストがつくられていなかったら、おそらくそうなっていたでしょう。幸いにも、彼はそのポストに就くことができました。

デイビッド　それは幸運でしたね。それにしても、伝統ある教会の何たる一面でしょうか。

ジョン　まったくです。それに、カトリックのほかの友人も、アメリカのカトリック系大学から早期の退職をしなければならなくなりました。バチカンから、彼を解雇せよとの圧力が続いたからです。彼もまた宗教多元主義の支持者です。大学も地域の司教も、ともにできる限りの力を尽くしてその圧力に抵抗しました。けれども、私に言わせれば、その友人は早期退職で決着をつけたのです。この友人もカトリック系でない組織の職に就きました。

それから、非常に優秀な学識を有するイエズス会のロジャー・ヘイト教授のケースもあります。この教授は『イエスは神の象徴』(*Jesus Symbol of God*)という優れた本を書きましたが、これもまた宗教多元主義の受容を含んでいました。それでバチカンは、現在、彼を審議にかけています。彼もまた、いまはカトリック系でない組織に移っています。中でも、もっとも有名なのはハンス・キュンクのケースです。最近書かれた『回顧録』第二巻(3)には、このケースのおぞましい内容が詳述されています。また、他にも、枚挙にいとまがないほどたくさんのことが起きています。

デイビッド　それは、まあ、今日のキリスト教、特にローマ・カトリックのキリスト教の話ですね。ですが、私が問題にしているのは、さきほどから言及しているように、キリスト教のプロテスタントとカトリックの両方に関することで、ユダヤ人迫害、異教徒の火あぶり、女性への抑圧、十字軍、戦争支援等々についてです。

ジョン　ええ、これらは全部本当にあったことですね。そうなのですが、もしあなたが、どこかの国の、その地域のカトリック教区、つまり一般信徒にとって神学など問題にならないようなところを訪ねたとすれば、おそらくあなたは、そこで多くの司祭たちによる献身的な礼拝の様子をつぶさに見ることになるでしょう。そして、これはイギリス国教会の教区であっても同じですよ。

デイビッド　なるほど、そうかもしれません。

それでは別の宗教、特に最後に話題にしていたイスラームを見てみましょう。イスラームのある改革者についてはもうお話ししてもらいましたが、イスラームの全体についてはどうでしょうか。その初期にはイスラームは武力によって広まったのではありませんか。何百万人もの人々が強制的に改宗させられたのでは……。

ジョン　いいえ、よくそのように言われますが、それは史実ではありません。では、ここで、権威ある『宗教百科事典』を引用させてもらいます。

（ムハンマドの死後）部族の勢力はイスラームの旗のもと、隣国征服のため国外に向けられた。イスラームの旗は急速な軍事的・政治的な拡大のために必要な熱意の高揚をもたらした。預言者ムハンマドの死後一世紀も経ないうちに、イスラームのアラブ諸国は北アフリカを経てフランス南部の国境地帯から、中央アジアを越えてインドに及ぶ中東一帯にいたるまでの大帝国を治めていた。征服した領土におけるイスラームの統治は一般に寛容で人道的であり、イスラームでない者をイスラームに改宗させるという政策はとらなかった。聖戦《ジハード》の目的は改宗ではなく、イスラーム法の確立であった。しかしながら、ひとつにはイスラームでない者にはイスラーム法によって不利な条件が課されたために（主に人頭税《ジズヤ》を指す。イスラーム教徒に課された財産税《ザカート》は免除されたが、ジズヤは二つの税のうちの重い方で、特に下層階級には重圧となった）。そして、もうひとつにはイスラームの平等主義のゆえに、イスラームは、改宗があまり進まない初期段階を経ての後は、急速に広まった。これがイスラーム普及の第一段階である(4)。

デイビッド　わかりました。けれども、シャリーア法のもと、女性は男性より不利な扱いを受けたり、鞭打ちや泥棒の手の切断、不貞を犯した女には石打ちの死罪を与えるなど、野蛮な罰し方があるのは事実ではないですか。

ジョン　ええ、もっとも保守的なイスラームの国、サウジアラビアでは、まだこうしたことがおこなわれています。ほかの国、たとえばイランには法令全書は残されていますが、ほとんど実行されていません。ですが、つい最近、同性愛者の絞首刑がありました。これは、一部のひとが言っているように、小児性愛者のケースだったのでしょうか。

ほかにも、たとえばインドネシアではそのようなことは知られていませんし、シャリーア法はアチェ州のある地方で守られているだけです。インドネシアではイスラーム教徒でない比較的少数の人たちが尊重され、国民の祝日にはクリスマスや復活祭、キリスト昇天祭などが守られています。この寛容な精神は、インドネシアに初めてイスラームをもたらしたスーフィーの影響によるものだと言っていいでしょう。その他のイスラーム諸国は、こうした両極端の中間状態にあるようです。

デイビッド　そうでしたか。思っていたより、ずっと色々あるのですね。けれども、そこには数々のおぞましい事柄が含まれていますね。

ジョン　そうです、特に一九八〇年代のサウジアラビアでは……。シャリーア法に則した伝統的な刑罰がおこなわれるばかりか、女性の地位なども嘆かわしいものです。車は運転できないし、男性の付き添いがなくては国外へ旅行することもできない等々……。ですが、ほかのイスラーム世界では、クルアーンの新しい理解にもとづいて改革運動が進められています。改革志向のグループのなかでは徐々に認められるようになってきていることですが、預言者ムハンマドが授かった啓示の多くは、彼が新しいイスラーム社会の指導者としてメディナに、そして後にメッカに戻ったときに直面する数々の実際的な問題を解くために、特定の歴史的状況のなかで与えられたということです。その啓示の多くは特定の状況に言及しています。

ですから、前回見たように、ソローシュ博士の教えによれば、啓示を、何時いかなる状況にも使える処方箋と見るのは間違いなのです。これはイスラーム教徒にとって非常に進歩的な考えです。これが意味するところは、とりわけ。刑罰や女性の地位などに関するクルアーン的な処方箋は、当時とは大きく異なる今日の歴史的、社会的状況に合わせて変えることができるということです。

またマームート・アイディン[5]のようなイスラームの思想家たちは、神を認め・崇め・従うという普遍的原理を意味する「小文字のイスラーム」(islam)と、預言者ムハンマドによって創設され、制度化された宗教であることを示す「大文字のイスラーム」(Islam)とを区別しています。恒久的に確かなことは、神の唯一性と神の絶対主権という宗教の基本的な教えで、クルアーンのどの章(一箇所を除いて)の冒頭でも言われているように、神はラーマン・ラヒーム、慈悲深く、恵み深いのです。

デイビッド　けれども改革運動は、大多数のイスラーム教徒には影響を及ぼしていないのではないですか。教育はほとんど受けられず、改革的な人々との接触もなく、今でも貧困に打ちひしがれた因習的社会に生きているのではないですか。

ジョン　ええ、そのとおりです。世界の一〇億以上のイスラーム教徒は貧しく、その多くは難民で、ほとんど教育を受けておらず、非常に伝統的なイマーム(導師)から教えを受け継いでいます。

デイビッド　それから、イラクでのイスラーム教徒同士の殺し合い、スンナ派対シーア派の争いについてはどうですか。

ジョン　では、最近まで北アイルランドで続いていたキリスト教徒同士の殺し合い、カトリック対プロテスタントの争いについてはどうでしたか。それは宗教的というより、政治的な争いだったのではないですか。宗教的アイデンティティを旗印に掲げて、実は権力闘争をしていたのではなかったでしょうか。イラクにおいても同様ですよ。少数派のスンナ派が、多数派のシーア派による権力の乗っ取りに対抗した争いでした。

デイビッド　なるほどね。ですが、イスラーム教徒によるテロについてはどうですか。自爆については……。

ジョン　ええ、不穏で酷い現象です。イラクやアフガニスタンでは、それが戦争のしかたです。宗教的な強い動機から、あるいはもっと広くイデオロギー的な動機から、そういう戦争の仕方ができるようになるのです。イデオロギー的と言うわけは、それ以前にも自爆行為はあったからです。爆弾を搭載した戦闘機でアメリカ戦艦めがけて突撃していった日本の「神風特攻隊」、それからスリランカの「タミルの虎」などは、純粋に宗教的な影響というよりも、さらに政治的な影響がその行為の動機にあったように思います。もちろん、いまだに生々しく記憶に残る第二次世界大戦までの全ヨーロッパの戦争は、宗教的理由よりも、むしろ政治的理由をもって、キリスト教徒がキリスト教徒と戦ったものです。

デイビッド　けれども、イスラームの若い男女が自分たちの敵と見なす人々を殺すために、自分のいのちを犠牲にするという心理状態、これをあなたは理解できますか。

ジョン　ほぼ、できません。頭ではたぶん理解できると思いますが、感性的にはできません。彼等は西側の軍隊がイランやアフガニスタンなどのイスラーム諸国を侵略していると見ています。西側が、合衆国と同じやり方で、イスラエルによるパレスチナ領土の違法な占拠を一貫して支援し、今なお違法な入植地の開発を続け、包囲し、ガザの経済を蝕んでいると見ています。

デイビッド　どうしてあなたは、あるいは彼等は、「違法」と言うのですか。

ジョン　どうしてかというと、一九四九年、国連がパレスチナの土地からイスラエルを分割する「グリーンライン」という国際的に承認された国境を設定したからです。これは西岸地区、ガザ、そして東エルサレムをパレスチナに引き渡すことです。つまり、それはイスラエルが違法に東エルサレムを占拠したからで、エルサレムには西欧の大使館は一つもありません。すべてテルアビブにあります。かつてはよくイスラエルを訪問していましたが、現イスラエル政府、もしくはそれに類した政権が権力の座にあるかぎり、そこにはもう行きたいとは思いません……。

デイビッド　さてっと、イスラエル・パレスチナ問題についてはずっと議論を続けることもできますが、ここで私が思うに、唯一可能な長期的解決策は、明らかに、隣り合う二国がともに経済的に栄え、共存することでしょうね。そして、そこでの和平が中東全体の和平の鍵でもあるはずです。

ジョン　ええ、同感です。では、先に進みますが、ユダヤ教の場合は、トーラーに記されているように、初めに残酷な征服の時期があり、それから随分あとになって、ディアスポラ（離散）が続きます。ヨーロッパ、ロシア、北アメリカに拡散した時期です。それから、遂に、これまで話してきたイスラエルの建国にいたります。

東洋を見ると、インドには異なる種類の宗教がありますが、まとめてヒンズー教と呼ばれています。どの種類も互いに寛容ですが、カースト制度によってどれも歪められています。また十三世紀から十六世紀のイスラームによるインド侵略に対抗して、暴力にも巻き込まれています。けれども、インドの宗教はカビールやラーマクリシュナなど、多くの霊性に富んだ聖人、またシャンカラやラマヌジャンなど、多くの偉大な思想家を生み出しました。それから、おそらく世界中でもっとも害を及ぼすことの少なかった宗教運動、それはインド発祥の仏教でしょう。仏教の国々も、時には戦争に巻き込まれたりもしました。それでも仏教による影響は、全般的に言えば、善いものでした。仏教を信奉したアショーカ王は、ブッタの死後、二世紀も過ぎた頃、次のような布告を出しました。

私はすべての宗教において、そこに発展があるべきであると評価する限り、贈物や栄誉などは評価しない。……誰であれ、過度の献身のゆえに自分自身の宗教を賛美し、「私自身の宗教に栄光をもたらそう」という思いで他の宗教を邪教と決めつける者は、自分自身の宗教を損なうものである。それゆえ宗教間の交わりはよいことである。私はすべての人が他の宗教のよい教義に精通してほしいと切望する。(6)

中国の宗教にも、さまざまな形態がありますが、おおかた平和的です。大局的に見れば、どの宗教も、歴史的実体として、すべてに繁栄する時代も、衰退する時代もあります。ですから、ある一時期を取り上げて見れば、他よりも繁栄している宗教があることになります。

デイビッド　それは面食らうほど複雑な状況ですね。ことによると、どの歴史的宗教も、あなたがおっしゃるように、人類にたいして同量の「善いこと」と「悪いこと」をしてきたのかもしれません。けれども、そのバランスがどうであれ、世界の嘆き、痛み、苦しみの重さを考えると、全体としては、この私にはまったく信用ならないものです。愛の神に支配された宇宙において、また、あなたが宗教体験をとおして主張されるような、その究極的本性を「善い」と見る宇宙において、どうしてこのようなことがありえるのでしょうか。

第13章　苦しみと邪悪

デイビッド　以前から言っているように、この世にはぞっとするような多くの痛みや苦しみがあるというのに、愛なる神とか、恵み深い宇宙とか、信じるなんて、とても私にはできません。

ジョン　大きな問題ですね、同感です。仏教のように神を信仰対象としない宗教は別として、さしあたり、この大きな問題を、とくに神を信ずる信仰にとっては単純に、一つの大きな挑戦だと捉えてみたいのですが、いかがでしょう。

デイビッド　いいですよ。というのも、私が強調したいのは、一方の全能にして愛なる神への信念と、他方の痛みや苦しみ、人間の邪悪という現実とのあいだの矛盾についてだからです。もし神が全能であるなら、人々を苦しみから救うことができるはずですし、また神が愛なる神であるなら、きっとそう望まれるはずだからです。けれども、そうなさらない。ならば、神は全能でないか、全愛でないかです。つまり、全能にして全愛なるものは存在しないのです。もしくは、どなたかが書き立てているように、神にできる自己弁明は、「神は不在」ということだけです。このことだけは、私には自明の理のように思えます。

ジョン　そのような言い方をすれば、確かに自明の理のように思えますね。けれども、私たち人間の自由意志という別の要素を考慮に入れてみると、そうでもなくなります。人間であるということは、さまざまに異なる行動過程のあいだで選択する本質的な自由を有しているということを含んでいます。それは置かれた立場において正誤・善悪の判断ができるということを含みます。私たちの自由は遺伝や養育など、人生において与えられたあらゆる状況によってとても限定されています。そうではあっても、なお選択の自由は現実的なもの、また本質的なものであり、それなしには私たち人間は自己決定のできない、ただ自然の因果的な成り行きに翻弄されるだけの生命体になってしまいます。それでいいのでしょうか。

デイビッド　ええ、そういうことだと思います。でも、まだ何かあるのでしょうか。

ジョン　もし神が有限にして自覚あるものを創造しようとするなら、これを、自由意志を欠いた自動機械とすればよかったでしょうか。もちろん創造に値するものは、創造主の愛に自由に応答のできるもの、メタファーを用いて言うなら、「神の子ら」ではないでしょうか。つまり、そうであれば、真に自由に神に応答したりしなかったり、また互いのあいだで良くも悪くも呼応し合うことができるようになるということではないですか。けれども、他面では、弱者を利用して莫大な富の不均衡をつくる人々がいます。そのため、この世界は何百万もの極度の貧困にある人々と、それから先進国に住む比較的裕福な人々、また時には非常に裕福な人々を含む恵まれた少数者とから成り立っています。ということは、個人的な関係においては、私たちの誰もが親切で思いやりをもって生きることもできれば、また逆に不親切で薄情なままであっても生きられる、そういう自由があることを意味します。また共同体において平穏に生活するか、それとも人を殺し、略奪し、痛めつけ、互いに争い合って、その結果生じるすべての惨めさのなかで生きるか、そういう自由もあります。つまり、私たちには創造か破壊かという運命的な自由が課せられているのです。

デイビッド　けれども、もし……、議論を続けるためにですが、一応そのことは認めるとしても、人災によるものではない痛みや苦しみ——病気、事故、地震、干ばつ、洪水、竜巻、ツナミ等々——のすべては、それではまだ説明されていないと思うのですが……。

ジョン　確かに説明されてはいませんね。けれども、こうした多くの出来事は、実のところ、人間の活動や不活動が間接的に生じさせていることに注意してください。多くの病気は不健康な生活習慣から、車の事故のほとんどは不注意かスピードの出し過ぎからです。また地震の多い地域に住むことを選んだならば——私自身、カリフォルニア州に一〇年間住んでいましたが——地震発生のことを予期していなければなりません。

デイビッド　おやまあ、地震を経験されたのですね。

ジョン　ええ、何度か……。ロサンゼルス郊外のクレアモントでは、サンアンドレアス断層の末端部に住んでいました。地震の中心地はそれより北でしたが……。あるとき庭に出ていたときですが、木が揺れ始め、足元が不安定になるのを感じました。古代の世界だったら、こんなとき、天使か悪魔がとおりすぎたと叫んだことでしょう。妻は車で出かけており、タイヤがその振動を受け止めたのか、ほとんど何も感じなかったそうです。また、別のとき、私が一五人ほどの学生と長い机を囲んでセミナーをしていたときのことですが、突然の揺れがあって、学生たちは全員すぐさま机の下に身を隠しました。それは当然の行動だったのですが、地震にうとい私は、阿呆なことに、椅子に掛けたままでした。

デイビッド　おもしろい話ですね。けれども、この手の痛みや苦しみは、多くは私たち自身から、自由意志のもとで生じていることは認めるとしても、けっして全部がそうではありません。なぜガンが（喫煙の結果であることは除くとしても）、ジフテリアやマラリアが、遺伝的な病気が、ツナミをもたらすような海底地震が、なくてはならないのでしょうか。そう思うと、ふと、昔のオマル・ハイヤームの抱いた気分に誘われます。

ああ、恋よ、君とわれ、「ものごと」の
あたひなき「企《くわだて》」に、たちたむかひて、
きれぎれに砕かましかば──その時ぞ
「心願」に近くふたたび作るべき(1)

ジョン　では、それに応えて、私からはさらに大きな構想を描いてみせましょう。
　これはキリスト教の考え方の一要素を示唆するものですが、これが私には一番意味のとおるもののように思えます。この構想は大変れっきとした出自を持っています。なぜなら、それは二世紀の終わりのキリスト教神学者である聖エイレナイオスにまでさかのぼるからです。エイレナイオスは教会の後のラテンの思想家とは別の、初期ギリシアの思想家の一人でした。彼は、アダムとエバの物語が伝えるように、人が創造され、道徳的に純潔で善良ではあったが、後に、神に背いてエデンの園から追放されたというのではなく、人は創造された――今ではよく知られているように、何百万年もの生物的な進化を経て――、そして道徳的には未熟であるが、これからたどる長い成熟と発展の過程の、まさにその初期段階にあるのだ、と提唱しました。現に、私たち一人ひとりも、その過程をたどる途上にあるわけです。つまり、私たちが自覚するこのいのちには、より良き人間に成熟していく機会が与えられているのだ、ということが要点なのです。
デイビッド　わかりました。ここでもまた議論を続けるために、一応そのことは受け入れることにしますが、それでもまだ、この世界につきまとう火山の噴火からツナミにまで及ぶ自然災害の全部のことには説明がなされていません。
ジョン　いいえ、実際にはそれらは説明されているのです、その意味の含みを考えますとね。もしもこの世に生きるいのちにとって大切なのは人間形成に資する環境にあるとしたら、一体どのような世界が必要とされるのでしょうか。まさか何の間違いも起きない、誰も傷つかない、危険は何もない、挑戦を受けることもない、問題は一切ない、そんな夢みたいな楽園ではないでしょう。逆に、問題を乗り越え、危険に直面し、そこから生じる痛みや苦しみに立ち向かう、そうすることによってはじめて人間として成熟する可能性がある、そういう世界を必要とするでしょう。人間形成の場でありうる世界というものは、まさに私たちがその場におかれる世界でなくてはなりません。もちろん世界が厳密に今のままでなくてはならないとは考えていません。というのも、この世には不慮の事故がたくさん起こりますから……。とはいえ、この世に付された根本的な特徴はきちんと備えていなくてはなりません。

デイビッド　そうですね、一つの根本的な特徴であり、神への信仰について語るときにもっとも重要と思われる特徴は、神はけっして自らを現さないということです。ここにいる、そこにいるとはけっして伝えません。沈黙を続け、私たちの想像にゆだねています。けれども、それではあまり愛がこもっていませんね。たとえば自分の子供と一切コミュニケーションを取らず、手紙も一切よこさない、生きているかどうかさえも一切知らせない、そういう父親のことをどう思われますか。──多分あなただったら、手紙くらいはよこしただろう、そして創世記の神話の中にその答えはあると書いて、聖書も一緒に送りつけてきたことだろう、とおっしゃるのではないでしょうか。けれども、シドニー・カーターの書いた、あの歌の文句、あなたは覚えておいでででしょうか。

それはアダムのせいにできる、
エバのせいにできる、
リンゴのせいにできる、
でも、それは信じられない。
サタンをつくったのは神だ
そして女も男も神がつくった、
そしてリンゴなどなかったのだろう
それがもし計画されていなかったならば。
十字架にかけられるべきは神だ
お前や私の身代わりに、
　私は大工に言った
さあ、木に吊るせ(2)

ジョン　もちろん覚えていますとも。シドニー・カーターの歌詞をうたったドナルド・スワンは、一九三九年から六年間続いた戦時中、フレンド派の組織する救急隊の一員でした。そして、私たちはバーミンガムのノースフィールド第一五駐屯地で一緒でした。けれども、私は聖書的な解決に訴えようとはしていません。それは何の解決にもならないということで、あなたに賛成ですから……。私が言おうとしていることはまったく別のことです。この世が人間形成に資する環境であるためには、神が自明ではない世界でなくてはなりません。神は世界というものを、つまり独自の法則にしたがって機能し、自律的な領域を構成する世界というものを――宇宙の途方もなく長く複雑な進化の過程を経て――創造されたに違いありません。ですが、その世界から、神は距離を置かなくてはなりません。それは物理的な距離のことではなく、知識面での距離、哲学用語でいえば認識的距離のことです。そして、この自律的な世界の諸法則、つまり自然法則は、私たち人間だけの安楽な生活のためにデザインされたものではありません。どんな生命体にも等しく適用される公平なものなのです。

デイビッド　でも、どうしてですか。愛なる創造主というものを仮定するなら、どうしてこの世界が人間にとって特別に居心地のよいものであってはならないのでしょうか。

ジョン　まあ、一言でいうなら、それは人間形成の世界とされているからです。たとえば、こんな世界があると想像してみてください。崖から落ちても地上で無傷のまま浮いている、ナイフで傷ついてもすぐに癒えてしまう、あなたに向けて発せられた銃弾は空中に浮かぶ、食べ物はいつも満ち足りていて飢える者はない、つまり痛みや苦しみのない世界です。そのような世界では、人は誰も傷つけることができない。だから、他人を傷つけることが間違ったことであるなら、そのような間違いは起きないし、また間違った行為も生じない。もちろん、正しい行為というものもなければ、道徳的な選択などというものも一切ないでしょう。そして、明らかに、そのような世界は人間形成に資する環境ではないでしょう。それは、いわばヘビ抜きのエデンの楽園のようなものでしょう。

そのような世界は、もっとも深い意味での愛が成り立つような環境とは言えないでしょう。性的な魅力は、そうですね、あるでしょう。けれども、互いを思いやったり、他人のために喜んで犠牲を払ったり、人生の問題を共有してこれに立ち向かおうとすることはないでしょう。そうすることが、本当はより深い意味での愛なのでしょうが……。つまり、貧しい人々や病む人々、あるいは死に直面している人々に向けられる人間愛へと昇華されるものが、本当はこれと同じ愛なのです。

デイビッド　わかりました。でも、ここでもまた議論を続けるためですが、人間形成のためには難題や挑戦、それから危険までも必要だということは認めましょう。ですが、実際の挑戦や難問は人間を成長させる世界を構築するだけでなく、同様に人間を潰し、破壊する――身体的ばかりか、心理的にも道徳的にも破壊する――世界をも構築します。打ち続く病気や貧困、他人からの無視や残酷な仕打ちにあって押し潰されそうになり、人間形成を経験するかわりに人間破壊を経験することもあります。ナチスによるユダヤ人の大量虐殺、ロシアのスターリンやカンボジアのポルポト政権下の大虐殺、あるいは歴史をさかのぼって奴隷として売られた何百万もの人々のことを思えば、そうした人々は人間としての形成にあずかったのでしょうか――抑圧され、傷つけられ、踏みにじられたのではないでしょうか。この世界は、間違いなく、愛と同程度の憎しみを、また人間形成と同程度の無意味な破滅も生み出します。

ジョン　その点については、異論はありません。そうしたことはすべて悪です。けれども、ここで二つのことを心にとめてください。一つはこういうことです——私が提案している考え、つまり、愛なる神が悪の存在を許すのは、自由な選択にもとづいて、人間が、事実上、善なるものをもたらす場合に限られるという考えは、個々に存在する悪が特に必要とされる、という意味ではありません。必要とされるものは自然の偶発事と人間の自由を含んだ世界です。ヒトラー、スターリン、ポルポトが与えた恐怖、またそれ程ではないとしても、さらに無数の人々が与えた恐怖は、人間の自由意志が予期せず関与してしまった代償なのです。その代償は、もしかすると別の形を帯びて現れていたかも知れません。そして、それがどのような形を帯びていたにもせよ、それは今までも、そして現在でも、莫大な代償なのです。

デイビッド　そして、それ以上に、しばしばそうした代償は間違った人々に担われています。悪いことは悪人とまったく同様に、善人にも降りかかってきます。災害は無差別に及びます。人生の悪は正義とは無関係に降りかかってきます。病気、事故、悲劇は万人に及びます。まったく不公平なことです。

ジョン　そう、不公平ですね。人生は公平ではないのです。

けれども、ちょっと反対のことを考えてみましょう——災害の発生は、無差別ゆえに不当なのではなく、むしろ正当ゆえに無差別ではないと仮定してみましょう。さらに、不幸は当然の報いであり、罪ある者は常に罰され、徳ある者は常に報酬を受けたと考えてみましょう。これが人間形成に資する世界でしょうか。もちろん違います。このような世界では、人々は罰から逃れ、報酬を得るために正しく行動するでしょう。そうすると、正しいことであるが故に正しいことをなす機会も、他人を犠牲にして自分を利するという誘惑に陥る機会も、同様に、ない、ということになるでしょうね。

デイビッド ええ、要点はよくわかります。けれども、そこから別の問題が出てきます。もしも世界の諸悪が、最後には人間形成という目的に資するとしても、そのひどい量と激しさは、おそらく当のその目的に要するものよりもはるかに大きいということは明白ではないですか。人間の受ける痛みや苦しみのほうが、愛すべき人間の形成者に許容されるものよりもはるかに量を超えています。

ジョン ええ、そのように見えますね。けれども、こんなパラドックスも考えてみてください。もしも人生の試練や苦難が人間形成という目的に資するということがわかってしまっていたら、それらの試練や苦難はその目的に資することはないでしょう。もしそうなら、人生の試練や苦難は、実際に私たちが直面して乗り越えなくてはならない真の試みではないということになるでしょう。というのも、より優れた善いことは、そうした試みを越えた先にあることを私たちは知っているということになるからです。ですから、別の言葉でいえば、世界が人間形成に資する環境であるためには、私たちはそうであることを知っていてはならないのです。これはパラドックスだと私は了解しています。

デイビッド　どうも複雑にすぎて、あなたのおっしゃるそのパラドックスの議論にはついていかれない気がします。けれども、もしそうだとしても、また議論を続けるためですが、別の問題がここにもあります。なぜ神は――神が存在するとして――すでに善いものとしての存在者を創造しないで、あなたのおっしゃるような、徐々に善いものになることができるような存在者を創造したのでしょうか。徐々に、ですよ。人類史上もっとも破壊的な時代となった二十世紀に達するまで、もうとっくに一〇万年以上もかかっているのですよ。もちろん寛大な創造主であれば、私たちが知っているような、こんなにひどい生命の創造過程をたどらなくてもいいような、生来的に善い被造物を創造したのではないでしょうか。

ジョン　純粋に善い存在者を作ろうというねらいであったとしても、それは無理なことであったと思いますよ。完全に善いといわれる被造物、誘惑に負けない存在者――つまり、いつも誘惑を退ける力を与えられている存在者――はプログラム化された善良性を持っていたとしても、それは真の善良性ではありません。もちろん自由な存在者の、自由な決断から発せられる善良性は、外部の力によって仕組まれた善良性とは、本性上、基本的に異なるのではないでしょうか。それに、創造主の視点からすれば、プログラム化された操り人形を作るということにどんな意味があるのでしょうか。

デイビッド　けれども、人間形成のどんなプロセスも、せいぜい限られた範囲でしか成功しないものだということは、あなたも認めなくてはいけませんよ。確かにこの世の生涯の終わりまでには、多少なりとも完全の域にまで達したような聖人たちがいるにはいますが、私たちの大多数はそうではありません。

ジョン　ええ、この世の生涯においては、ですね。心理学者のエーリッヒ・フロムは「私たちの大多数の生涯における悲劇とは、私たちが完全なものに生まれ変わる前に死んでしまうということだ」と言いました。もしもこの世の生涯だけが人間形成のプロセスのために利用することのできるすべてだとするなら、あなたのおっしゃることに同意しますよ。けれども、どの宗教もみな、この世の生涯は私たちの全存在のうちのほんの僅かな部分でしかないと教えています。そして、この私にはとても理解しやすいのですが、そうした考え方は東洋の宗教でいう多数の生命から成る継続的な人間形成か、あるいは西欧の宗教でいう天と地の「中間段階」における継続的な人間形成かのどちらかを肯定するものなのです。けれども、この論題は最後のほうでまた取り上げることにしましょう。この段階で私が言いたいことの要点、それは苦しみと邪悪の問題にたいする宗教的レスポンスには「人間形成は死後にも続く」という信念が含まれていなければならないということです。

デイビッド　言うまでもないことですが、死後の生命に関することには、私は一〇〇%懐疑的です。けれども、それについても是非、十分に討論しましょう。次回ではどうですか。

第14章　死後のいのちとは?

デイビッド　つまり、多くの痛みや苦しみにたいするあなたの宗教擁護は、死んでもなお生きるいのちがあるという考えを拠りどころとしているようですね、私にはとても信じられないことですが……。私はこのいのちに満足していて、別のいのちなど必要としていません。

ジョン　あなたは自分のことだけしか考えていないようですね。でも、テリー・イーグルトンの言っていることを考えてみてください。「別の世界など必要ないと言い張る鼻っぱしらの強い現実主義者たちは、明らかに新聞を読んでいない」[1]。つまり、自分のことだけでなく、人間全体のことも考えなくてはいけないのですよと、イーグルトンは実に示唆に富んだことを言っているのです。

デイビッド　なあるほど、その言い分は受け入れます。けれども、別の世界が必要だとしても、それが現にあるという意味ではないでしょう。あなたは証拠にもとづいて来世があると信じているのですか。たとえば、霊媒たちのいう証拠なるものをあなたは受け入れているのですか。

ジョン　いいえ、受け入れていません。それについては、実際に、注意深く調べたことがあります。長年、私は心霊研究学会のメンバーで、そのとき新しい実験やデータを出版したり、時には間違った主張を暴露したりしていました。また、霊媒による恍惚状態や霊の体現なども独自にサンプリングしていました。

デイビッド　その領域のことには門外漢なのですが、たとえば霊媒による恍惚状態では何が起こるのですか。

ジョン　典型的には、霊媒は、男性の場合も女性の場合もあるのですが、女性の場合としましょう。彼女は目をつむり眠ったように見えます。少しすると、死者の霊が自分のからだに乗り移ったので、これから生者との交信を始めると言い出します。話し手は、自分が死者たちからの伝言をリレーする「支配霊」であると明言します。そのあと、死者たちの霊を描写するのですが、時には名前を挙げて、その名前にふさわしい内容の伝言を明らかにします。そして、巧みな霊媒の場合には、通常、そうした伝言は死亡した親戚の特徴をしっかり捉えた内容になっているように思えます。

デイビッド　とはいえ、あなただって、そうした内容が本物であるとは思わないでしょう。けれども、あなたのおっしゃるように、伝言が霊媒のたぶん知らない人のことであっても、その人の特徴をうまく捉えた内容になっていることもあるのでしょうね。

ジョン　そうです。時には霊媒が私に質問して、伝言のもとになるヒントを探っていることもありました。また時には、ほぼ確実にテレパシーを受けとめる状態になり、一種の自動催眠的な恍惚状態のなかで、心底、故人の霊から出てきたものだと思えるような感情を私から拾い上げているように思えることもありました。けれども、それと同時に、私が聞いたり、初期の「心霊研究学会会報」で読んだりした事例は、はるかに感動的だったと言わざるをえません。ですから、その全体を切り捨てることを私はしません。人が死ぬと、哲学者のC・D・ブロードが言ったあの「心霊要素」なるものが、しばらくの間かもしれませんが残留し、これが霊媒によって取り上げられるということもあるかと思います。

デイビッド　そういうことには一切関わらないほうがいいのかどうか、この私にはよくわかりませんが、もう少し、あなたのおっしゃるその「テレパシーで」ということの意味を聞かせて下さい。

ジョン　では、まずテレパシー、ＥＳＰ（extra-sensory perception 超感受的知覚）なるものについてですが、これは確かに現実のもののように思われます。けれども、デューク大学のＪ・Ｂ・ライン教授のような研究者たちによって示された統計学上の証拠には、私はさほど感動していません。それでも、確かにライン教授はいくつかの、特にテレパシーの作用というテーマのもとで、偶然では済まされないような有意な結果を発見しています。ですから、これを軽んじているわけではありません。テレパシーの自発的な事例には深く感動しています。その事例の多くは説明付きで記録されています。

デイビッド　どのような事例のことですか。

ジョン　ラジオの時代が到来する前には驚くような出来事が数々おこっています。たとえばインドに在留するある人物、植民地の管理者だった人ですが、予期せぬ事故で突然亡くなります。イギリス在住の妻は、まさにその瞬間、それまでに経験したことのない激しい感覚に誘われて、この出来事を感知します。そしてその晩、夢も見ます。数週間後、死亡通知が届き、あの強力な感じを抱いたときが自分の夫の死亡時刻であったと判明したのです。

次は現代の事例ですが、これはその出来事に関与した人物から私がじかに聞いた内容です。ある法廷弁護人の年老いた弟子が末期ガンで入院していました。懇意の法廷弁護人はその老人を毎日見舞っていました。そして、死が近づいたように思われるある日、弁護人はナースたちに、もしも患者が死にそうであれば、自分がその臨終の場に立ちあうことができるよう真夜中であっても電話をくれるようにと頼みました。その夜、電話はありませんでしたが、明け方二時に、突然目が覚め、その瞬間、年老いたその弟子が部屋に立っているのを見ました。翌日、病院に駆けつけると、未明の二時に老人が亡くなったことを知らされました。突然のことだったので、電話をしても間に合わないと判断し、電話はしなかったということでした。弁護人が気づいたその死は、亡霊の形で彼の意識に現れたということは明々白々の事実です。そして、このような事例は無数にあります。ですから、私はテレパシーが起こることを信じています。

デイビッド　ええ、多分そうでしょう。もちろん、そういうことが起こるとしても、それによって宗教的信念が擁護できるということにはなりませんよ。それにあなたは霊の体現もあるとおっしゃいましたね。霊があなたの眼前に出現したのですね。

ジョン　これは当時、有名になったヘレン・ダンカンのことです。一九三〇年代のことです。私は一四歳か一五歳でした。ヘレン・ダンカンが私たちの住んでいた町、スカーボロに来て、両親の招きに応じ、わが家で降霊術の会が開かれました。広々とした居間で、その一角はカーテンで仕切られ、その中に椅子がおかれ、カーテンの外にはほのかに赤いライトが天上からつるされていました。

ダンカン女史が男性アシスタント（女史の伴侶と思われる）とともに到着しました。そのとき、母によると、ダンカン女史にはジンの匂いがしていたそうです。女史は別室に案内され、参加した女性会員のなかの二人から検査を受け、簡素な黒いドレスに着替えました。それから広い居間に入り、その時にはまだ開かれたままのカーテンのなかの椅子にすわりました。男性アシスタントがカーテンを閉め、ほのかに赤いライト以外の光は消されました。

ダンカン女史に会費を支払った二〇名ほどの参加者はなじみの讃美歌を歌いました。やがてカーテンの後ろから物音がして、カーテン越しに人影が──ひとりずつの頭部と白いガウンだけが──映り始め、男か女かよくわからない声でロバートとかエミリーなどと名前を言いました。約三〇分後、八人ほどが姿を見せたあと、立ちどまりました。そしてカーテンの後ろからは、うめくような声がしました。男性アシスタントが立ちあがり、カーテンを開け、よろめくダンカン女史を受けとめて、別の椅子に座らせました。参加者のなかの幾人かは、自分の亡くした親戚の人を認知したと言っていました。スピリチュアルの理論では、霊媒が口からエクトプラズムと呼ばれる謎の実体を生み出し、それが霊の形体を作り出すのだと説かれています。

一九三一年、ダンカン女史はハリー・プライス――哲学者のH・H・プライスと混同しないでくださいよ。この哲学者も超心理学には興味を抱いていましたから――による学術調査を受け、それは偽物であると断定されました。けれども、その後一九四〇年代、大陸が連合軍に侵攻される前の戦時中に、女史はポーツマスで降霊術の会を開きました。そのとき女史は「HMSバーラム」と書いてある帽子をかぶった船員が見えると主張しました。実際バーラム船は沈没していて、そのニュースは隠ぺいされていたのです。ですから、当局は侵攻後までダンカン女史を公共の場から遠ざけていたのです。

デイビッド　へえ～。

ジョン　まったく、へえ～、ですよね。けれどもダンカン女史は、当時も、それ以前にも、ポーツマスにいたことがあるし、またこの情報を沈没した船の乗組員から――、もしくは乗組員の友人から――、聞いていたのかもしれません。たぶん船員たちの家族のほうは密かに彼等の息子が「戦死した」と知らされていたのでしょう。海軍のほうは、女史が純粋に千里眼のきく人物で、切迫したフランス侵攻の秘密を漏らすのではないかと恐れ、一七三五年の古い魔女裁判法――すでに廃止法ではあったのですが――のもとで女史を起訴し、九か月間拘留しました。

ダンカン女史がおこなった霊の体現については、女史がさらし布か、何か別の薄い物を飲み込んで、これを吐き戻し、エクトプラズムに似せかけていたのだと、広くささやかれています。スカーボロでの降霊術会の体験から察して言えば、女史がカーテンの後ろにおかれた椅子のところに男性アシスタントに連れて行かれたとき、ぎゅっと詰めた布を彼から渡され、そのあと別の椅子に座らされたときに、密かにこれを差し戻したのではないかと私は思うのです。

デイビッド　その懐疑的な見方には大いに賛成します。けれども、死後のいのちにたいするあなたの信念が証拠にもとづいたものではないとしたら、一体、別の何にもとづけるのでしょうか。

ジョン　そのもとづけは、宇宙にたいする私の基本的な宗教的解釈からの推論です。もしも愛なる神が存在するなら、つまり——私が考えるように——恵みに満ちた究極の実在が存在するなら、この道徳的・霊的な本性を備えた人類は、この宇宙の時間のほんの束の間だけに存在して瞬時に消滅してしまい、これに対して宇宙のほうは、あたかもその人類が存在しなかったかのように連綿として継続していくというように対比される、はかない偶然的な存在などではなくて、まさに永続的な価値を帯び、まさしく尊いものを創造する過程の一部であるに間違いないと、この私には思われるのです。人間存在は先に進むよう計画されたものであるはずであり、けっして先のない終わりのものではありません。

デイビッド　あなたには、どちらがどうだということでしょうか。死んだあと、私たちは永遠に生きるのでしょうか、天国に——、それとも地獄に——。

ジョン　実は、そういうことではありません。伝統的なキリスト教やイスラームの考えが——ユダヤ教では死後のいのちについてはいま少し曖昧なのですが——まっとうなことを言っているようには思えません。人生が終わったら永遠の天国に行くか、それとも永遠の地獄に行くかという行き先への準備は、誰にもできていません。ただ、何百万にものぼる保守的なクリスチャンやムスリム（イスラーム教徒）が大真面目にこのことを信じているという事実はありますが……。けれども、私の場合はそうではなく、この世のいのちを超えた先に道徳的にも霊的にもさらなる成長に向かうという可能性があるにちがいないと固く信じています。

デイビッド　それはカトリックのいう煉獄のことですか。

ジョン　いいえ、ちがいます。伝統的なカトリックの教義では、煉獄においては道徳的な選択を要する環境のなかでできる、さらなる道徳的・霊的な成長というものはないからです。煉獄では、罪が清められるということ以外には何の変化もありません。けれども、必要なことは、さらなる成長の可能性ということです。プロテスタントのなかには「すでに」と「いまだ」の中間状態ということを主張する神学者もいます。その考えが的確に展開されれば、その必要が満たされることになるでしょう。

デイビッド　では、どのように展開させたらいいのでしょうか。

ジョン　道徳的・霊的な成長は限られた時間の枠内でおこなわれます。無限の存在に直面していれば、変化にたいするプレッシャーは無いでしょうが、生と死という限界からはプレッシャーがかかってきます。つまり、何事かをしようとしているならば、今それにとりかからなくてはいけないということです。私たちの生きているいのちに意味づけをしたり、駆り立てたりするのは、まさしく道徳性というものです。ですから、次のいのちも同様に、始まりと終わりのある有限ないのちであるように私には思われるのです。けれども、そのようないのちはもう一つだけだというのでは、大多数の私たちには不十分でしょう。ですから、一連のさらに多くのいのちがなくてはならないことになります。

デイビッド　言い換えれば、輪廻転生――仏教徒やヒンドゥー教徒が信じている、あの輪廻のことですね。でも、ここ西欧では、ありがたいことに、そういうナンセンスな考えにはとらわれていません。

ジョン　ナンセンスな考えに思えるということは、人がどんな文化に生まれついているかということに依存していることを忘れないでください。東洋に住む何百万もの人々にとっては、輪廻転生は自明のようです。けれども、この考えは、ここ西欧に住む人々にとってもますます魅力的なものになってきているようですよ。一九九〇年のCNNによる世論調査では、アメリカ人の約三五％が輪廻を信じているという結果が出ました。ヨーロッパでの広域調査では、約二四％のヨーロッパ人が輪廻にたいする信仰を抱いていることがわかりました。このような統計は国によって異なりますが、イギリスでは三〇％です。CNNは、その主要な結果を四項目にまとめました。まず、ヨーロッパ全体で輪廻信仰が増加傾向にあり、とくに若者の世代に顕著であること。次に、驚いたことには、プロテスタントより伝統的なカトリックの人口において一層顕著にみられること。さらに、ヨーロッパのある地域では五人に一人、別の地域では三人に一人の割合で輪廻が信じられていること。そして別の統計によると、イギリス国教会の多くの信徒が天国と地獄を信じるのと同じように輪廻を信じている――この「信じる」というのは発展した教義からというより、むしろ本能的な感情からというほうが当たっているように思われる――ことがわかりました。

デイビッド　驚きましたね。それはともかくとして、もし、その「信じる」ということが発展した教義からということになると、どういうことになるのでしょうか。

ジョン　そうですね、まずはヒンドゥー教や仏教の通俗的な考え方を含めて、その通俗的な輪廻像と、それとはかなり異なる仏教哲学の学説とを明確に区別しなくてはなりませんね。通俗的な考えとは、現在の自己が再度生きて、過去の生が記憶されているかもしれない、あるいはその過去の生は、時に幾度にもおよぶかもしれないという考えです。世界中にそのようなストーリーがたくさんあって、特にヒンドゥー教のインドやスリランカの仏教には前世を記憶している子どもたちがいるのです。また、下等な動物に生まれ変わるという通俗的な考えもあります。けれども、あとのほうの考えはほとんど支持されていません。

デイビッド　そうでしょうね。でも、前世の記憶についてはどうですか。

ジョン　こちらのほうはまじめに研究されています。二〇〇七年に亡くなったヴァージニア大学の精神医学部教授イアン・スティーブンソンは、一連の書物のなかで、もっぱらアジア文化を中心にして前世の記憶についての証言を約三〇〇〇件も報告しています。典型的な例としては、インドかスリランカの子どもが、数マイル離れた別の村に住む、別のもう一人の父親と母親、兄弟だったか姉妹だったかのことを話し、その場所に連れていくと、その子どもはそこで生活していたときの様子を思い描き、さらに人々のこと、前世で訪れることのなかった場所のことなどを懐かしく思い出すことができた、というのです。

デイビッド　そしてスティーブンソンは、そのなかのどんなことを確証したのですか。

ジョン　彼はすこぶる慎重でした。そのデビュー作の題名は『輪廻を示唆する二〇の事例』（*Twenty Cases Suggestive of Reincarnation*）でした[2]。

デイビッド　あなたもインドやスリランカにいたことがありましたね。一度でもこのような事例に出くわしたことはありましたか。

ジョン　直接にはありません。けれども、一九三〇年代、シャンティ・デヴィというデリーの少女の有名な事例がありました。その少女が四歳のとき、「ここは私の本当の家ではない。私には夫と息子がマツライ（ムットラ）にいる。ふたりのもとに帰らなくてはいけない」と言い出しました。現地の先生がマツライに連絡をとると、数年前にルジー・デヴィという女性が男の子を生んで亡くなり、その子が父親と一緒に住んでいると言われました。調査委員がシャンティ・デヴィをマツライに連れていくと、その少女は委員たちを正確にその家に案内し、リフォーム以前の室内の様子を正確に指し示し、外部の者にはわからない家族の個人情報なども明らかにしました。

何年か経ってからのこと、正確には一九七一年、私はポンデシェリのアウロビンド・アシュラムに数日滞在し、そこでH・N・バネレジーという定年を過ぎた哲学教授に会いました。この人物はシャンティ・デヴィの事例調査の正式な委員でした。当然のことですが、私はその事例について質問しました。そして強く問い詰めると、調査結果に署名はしたものの、実のところ、それが本当の輪廻の事例であったかどうか確かなことはわからない、ということでした。それ以上何も話してくれなかったし、何か邪魔が入って会話はそれまでとなってしまいました。

また、それからスリランカでは、イアン・スティーブンソンの通訳として振る舞っていた男とも会いました。この男によると、スティーブンソンがその地を訪れたのは、かならずしもその事例が知られるようになったあとではなかったと言うのです。村が彼を歓迎したのは、その村を有名にし、金を落としていく外国人を呼び込むためだったとも言うのです。ですから、村人たちはこぞってその事例を持ち上げたというわけです。スティーブンソンであれ、誰であれ、外国人の調査員がシンハラ人の通訳に頼らなくてはならないときには、その通訳に、何らかのバイアスがかかっているとして注意しなくてはいけないことは、この私にも明々白々でした。ですから、こうした二つの個人的な経験から、私は懐疑主義のほうに傾いていくようになりました。そして私も同様に、催眠状態で前世の記憶をたどるということには懐疑的です。けれども、まあまあの、心に響く事例もいくつかあります(3)。より一般的な事例としては、歴史上の有名な人物——ユリウス・カエサル、ナポレオン、クレオパトラのような人物——ですが、控えめに言っても、やはり疑わしいですね。

デイビッド　確かに、あなたの抱いた懐疑主義のほうに私も同調します。仮にですが、前世の記憶とやらは輪廻を信じるためのよい理由にならないとしてみましょう。それでも輪廻を信じる理由とはいったい何なのでしょうか。

ジョン　そうですね、前に私が、一方で、前世にたいする時折の記憶を含んだ通俗的な考えと、他方で、より哲学的な仏教の考えとを区別したことを覚えておいででしょうか。仏教では、いのちからいのちへと移り変わることができるような永続する自己はないと教えます。むしろ、意識する自己にはその死後にも続くカルマ（宿命、業）の過程があって、それが新たな意識ある自己へと体現されていくと教えるのです。これが新たな人格性であり、この人格性は私たちをあるがままの――つまり遺伝的な傾向および私たちのいのちを取り巻くさまざまな個人的状況から成る――ユニークな人格に仕立て上げる全要素によって形成されます。けれども、こうしたことのすべてを内に含みながらも、その新たな人格性は個人的なカルマの過程の状態によって形成されていくのです。このカルマの過程のことを、私は自分の言葉に言い換えて、それは多くのいのちのもとで展開し、今ある私たちのいのちのもとでもさらに展開を続ける根本的な気質の傾性である、と言いたいのです。これは私たちのもっとも根本的な道徳的・霊的な見解であり、それぞれの新たな人格性のもとで表現されているのが、まさにこのものなのです。

デイビッド　けれども、もし、この一連の新たな人格性が記憶によって結びつけられていないとしたら、一体どのような意味で、この新たな人格性の連体が同一存在の輪廻体だといえるのでしょうか。

ジョン 同一の気質傾性が再生することにより連結しているのです。これはいのちからいのちへの連続音なのです。けれども、仏教の伝統によれば、無意識の記憶というものもあって、パーリ仏典には、ブッダガヤーの菩提樹の下でブッダが悟りを開いた夜、自分の前世のすべてについて、こんなふうに思い出したと書かれています。「そこではわたしはこれこれの名前であり、これこれの氏姓で、これこれの種族であり、このようなものを食べ、このように楽と苦を受け、このように寿命を終えた。……その夜にわたしはこの最初の明智を証得した(4)」。

デイビッド そして、あなたはこれを歴史的とみなすのですか、それとも言い伝えとみなすのですか。

ジョン そうですね、ブッダの死後まもなくして長老会議が開かれ、ブッダの教えのさまざまな記憶が集められました。それは紀元前三、四世紀のことだったようです。それが文字化されたのは紀元前一世紀ごろで、ブッダの死後、もう何百年も経過していました。ですから、その資料のどれほどがブッダ自身に帰せられるものなのか、誰にもわかりませんが、おそらく大方がそうでしょう。けれども、いずれにもせよ、この特定のストーリーは前世についての記憶が無意識のうちにあるという上座部仏教の信仰を表明しており、そうであるからこそ、その記憶が時たまひとりの子どもの意識のなかにしみ込むこともある、ということになるのでしょう。インドやスリランカなどからの報告は、そうした事態を主張しているものと思われます。私はそうした報告をたやすやすと受け入れているわけではありませんが、それでも時には意識に上ってくることのある記憶の潜在的な織糸があるにちがいないとは思っています。

デイビッド　そして、どこにそうしたすべての再生があると考えられるのでしょうか。この世にあるとはとうてい考えられないでしょう。というのも、この世の人口はもう爆発していて、以前は一〇〇万か、二〇〇万だった人口が、今ではもう六億です。たとえば一〇〇万の人口が再生されるとしたら、人口は常に一〇〇万のままであるはずですよね。

ジョン　そのとおりですね。けれども、初期の仏教徒たちには人口増加のことはわからなかったとしても、実際には、この地球以外にも多くの惑星があることは信じられていました。そして今日、そのことについては彼等に従わなくても、私たちには物理的宇宙の大きさについて、またそこには何百万という無数の銀河系があり、さらにそこには何百万という無数の星が含まれているという知識があります。こうした銀河系のなかの惑星内には知的な生命体があるかもしれません。そしてまた、私たちの生命体のいくつかが、あるいはそのなかの一つといわず全部の生命体が、別の世界に体現して生かされ、それぞれが独自の歴史・文化・言語をもち、同時に、いまこの世界で生きているのと同じ道徳的・霊的な気質の傾性をあらわにしつつ、道徳的決断をしながら生きているかもしれません。

デイビッド　ということは、このいのちが私たちの最初のいのちではないかもしれないということですか。

ジョン　そうです。けれども実際のところは、十中八九、そうではないように思われます。

デイビッド　わかりました。では、先ほどの仮定にもどることにして、もしも潜在的な記憶があるとしても、通常はそれにアクセスすることができないとしたら、そのことは現在の意識的な自己が死ぬ定めにあるという事実にたいしてどのようなことを意味するのでしょうか。現在の意識的な私、現在の意識的なあなたは、ともに死をもって完全に消滅するということを意味するのではないでしょうか。

ジョン　そうです、そのとおりです。そしてそのことが、私たちの多くの者には受けとめ難いことなのです。私たちは死ぬ定めにあることを受けとめて、それからトーチを次の人につないでいくリレーの選手のようなものだと考えなくてはなりません。現生《げんしょう》においては、いまトーチを運んでいて、そのためだけの責任を私たちはこの身に負っているのです。ところで、私たちは幸と不幸を合わせもつ人生の境遇に立ち向かい、今後にも続く気質の傾性に、つまりカルマにたいして積極的にも消極的にも影響を及ぼしています。将来の人格性は私たち次第で善い人格にもなれば悪い人格にもなることを承知しつつ、そのカルマをより善い状態にも、より悪い状態にも移し変えていくのです。

デイビッド　それは高望みというものです。あなたのおっしゃることが正しいとしても、それを私が本当に受け入れることができるかどうかはわかりませんよ。

ジョン　ええ、まさしく高望みです。とてつもなく挑戦的で、きつい要求です。それは善をなすということで、何か見返りを求めるためとか罰から免れるためとかではなく、単純に、それが善であるから善をなすという意味です。そして自分にではなく、善なるものの創造に気遣うということなのです。

デイビッド　それが、私のように、そういう言葉には一切耳を貸さない者にたいしてどんな意味があるとおっしゃるのでしょうか。

ジョン　もしもそれが事実だとするなら、誰が信じようが信じまいが関係ありません。実際にどのような生き方をするか、それが重要なことになります。もし、この仏教の考案が真実であるなら、私たちが信じようが信じまいが、現に私たちのいのちに体現されているカルマの過程に私たちは常時、影響をおよぼしているのです。

デイビッド　としても、私は、個人としては、やはりそういうことは一切信じません。

第15章　宇宙的な楽観論

デイビッド　つまり、死後もなお生き続けるという信仰が、あなたのいう諸宗教の宇宙的楽観論の基盤なのですね。

ジョン　確かに、それは重要な一部分です。

デイビッド　けれども、宗教は、より直接的には現世に生きるということにも関心が向けられなくてはならないでしょう。どうしてこの世にかくも多くの不平等や不幸、不正が存在するのに楽観論でいられるのでしょうか。

ジョン　その答えとしては、すべての偉大な世界宗教はそのことを十分に認識していながら、それでもこの悲観論を究極的な楽観論に結びつけるということです。

デイビッド　つまり、現状についてはどの宗教も悲観的だということですか。

ジョン　そうです。キリスト教では、人はみな堕落した世界に生きる堕落した存在です。もちろん聖書のなかのアダムとエバの堕罪物語を文字どおりに理解するわけではないのですが……。多くの原理主義者たちのことは別として、今日ではそれを観察可能な事実の神話的表現として見るのが普通です。まさに人間の本性とは、今日それを世界中で見るように、ぞっとするような残忍さと残酷さ、そして利己主義を行使する姿で歴史上に示されています。私たちは、何千万もの人々が戦争で殺され、さらに何千万もの人々が飢えや洪水で死んでいるという、何とも悲惨な時代に生きています。人間の本性がさらにひどくなっているという理由では、いまが最悪の世紀というほどでもないのですが、破壊兵器の技術がぞっとするほど効率的になっているという理由では、いまは最悪の世界です。こうしたすべての事情から、キリスト教とユダヤ教にとっては、世界はまさに「堕落した」世界なのです。そしてイスラームにとっても、人間本性の弱点は明らかです。人は大地の塵によって創られたもろい生物であり、神の継続的な憐れみと恵みを必要としているからです。また仏教徒にとっては、すべての生は「ドゥッカ、苦」、不満足で不十分で欠乏しています。ですから「生きるは苦、老いるは苦、病むは苦、死ぬは苦」なのです。さらに好きでないものとの接合は苦、好きなものとの離反は苦、欲するものを得られないでいることもまた苦なのです。[1] そしてヒンドゥー教徒にとっては、常に苦難の多いこの世に何度も生まれ変わるのです。

デイビッド　わかりました。つまりこれらの宗教では、この世の状況と人間の本性に関しておぼろげな見方をとらせて、現実主義を共有させるということですね。それでは宇宙的な楽観論はどこにあるのでしょうか。

ジョン　これが各宗教の教えのなかに見られる、等しく顕著な部分なのです。キリスト教はいつも良き知らせ、福音として――つまり、イエスにおいて神が私たちにたいする愛を啓示し、その神のもとに私たちを招き寄せてくださるという良き知らせ、福音として――、自らを表明してきました。イエスはしばしば私たちの行動の結果が現世を超えたところで現れると教えました。つまり、死んでもなお生きるいのちという考えが、キリスト教の教えにおいての本質的な部分なのです。

デイビッド　そしてユダヤ教もでしょうか。

ジョン　ユダヤ教の楽観論は、神との契約をとおしてユダヤの民が生き延びるためのものであり、またキリスト教とほぼ同時期に始まるラビ中心のユダヤ教のもとで、天国において復活するという究極的未来のためのものでもありました。ラビは、次のような「公式の」ユダヤ教神学を形成しています。「もし、ユダヤの民が究極的に勝利するという神のドラマに終末論的展開がないとしたら、イスラエルの正義にはいかなる希望があり得ようか(2)」。

デイビッド　つまり、おおざっぱに、私の読み方にしたがって言えば、旧約聖書の古代ユダヤ教はまったくこの世的であったのに対して、その後の現代的なラビ中心のユダヤ教はそれほどでもないということですか。

ジョン　ええ、おおざっぱには、おっしゃるとおりです。けれども、今日のユダヤ教の著述家たちは、死後のいのちについてはもう少し曖昧です。とはいえ、その件に限って言えば、今日のキリスト教の多くについても同じことが言えますね。

デイビッド　わかりました。では、イスラームはどうでしょうか。

ジョン　イスラーム教徒の希望は天国における永遠のいのちであり、クルアーンのどの章（一つを除いて）のはじめにも記されている「ラフマヌ・ラヒーム」（慈悲ふかく、慈愛あまねき）神の永遠の本性に憩うことにあります。人間は道徳的に弱く、地の塵から創られていますが、それでも「すべてを赦し、すべてに慈愛あまねき」神によって創造されているのです（クルアーン三九章五三節）。

デイビッド　キリスト教との関係で地獄について話されましたが、それはイスラームにおいても同様に重要ですね。それはきっとあなたの言う宇宙的な楽観論を覆すと思うのです。もしも無数の人々が永遠に苦しむとしたら、そのことをもって私は宇宙的な楽観論とは呼びません。それはひどく選別的な楽観論でしかないでしょうから……。

ジョン　もっともなご意見です。キリスト教内でも地獄は何世紀にもわたって恐怖の対象でしたし、今日でも原理主義者のあいだでは恐怖の的です。とはいっても、個人的には地獄行きという危機感を抱いているようには見えませんが……。私たちのあいだでは、永遠の地獄などというものはもうとっくの昔に信じられないものになっています。それは、キリスト教の主流派からはもう一〇〇年も前から消え失せています。そしてイスラームでも、特にスーフィーの信仰の流れでは、地獄は「空」であると考えられています。たとえばルーミーは、このことを譬えをもって話しています。地獄に引き渡された男の話なのですが、この男は自分の重い罪を最後に認め、慈悲にすがります。そして救われるのです。(3)イスラーム教徒は常に神の無限の慈悲にすがるわけです。

デイビッド　地獄についての古い信仰は、今日では多くの宗教者たちから捨てられようとしているとおっしゃる。けれども、最初から、地獄などという考えは持たなければよかったのではないでしょうか、私たちのような無信仰者のように……。

ジョン　そうですね。永遠の地獄という考えは、確かに大きな汚点でしょうね。それでも、その考えは紛れもない事実なのです。それはイエス自身に、特にマタイによる福音書に記されたイエスにまでさかのぼるということを認めなくてはなりません。ただし、地獄が永遠のものであるとは明言されていませんが……。

デイビッド　ええ、そうですね。ある歴史家が「地獄は買収された」と述べた、あの十九世紀半ば以降は、キリスト教はその根本で楽観的になっているかも知れませんね。けれども、あなたが主張されているように、多くの人々は自分たちの置かれた苛酷な運命のもとで挫折しないために、ただ強がりを言っているだけではないかと、私は言いたいのです。けれども、少なくとも東洋の諸宗教は、率直に言って悲観的です。

ジョン　そうであり、またそうでもないですよ。すでにお話ししたように、仏教は、人生はことごとく「苦」であると教えています。つまり、人生は無常・苦痛・未完成・不満足を介して映し出されるという意味で、「苦、ドゥッカ」なのです。けれども同時に仏教は、すぐれて楽観的であるようにも思えます。大乗仏教では、究極的実在は宇宙的仏性である「法身」（ダルマカーヤ）として知られており、この永遠の仏性を私たちは誰もが分有しています。けれども、すでにそうであることを私たちは悟らなくてはなりません。何度も転生することで、誰もがいつかは「涅槃」（ニルバーナ）という至高善に達することができるのです。その到達点である至高善は、自我に捉われている私たちの現状を凌駕し、したがってまた、そこに発する概念体系をも遙かに超え出て行きます。けれども、解放とか悟りは、まさにここでいま始まることができるのです。仏教のもう一つの主要な形態である部派仏教の経典『ダンマパダ』（法句経「ブッダの真理のことば」）に記されているように、「怨《うら》みをいだいている人々のあいだにあって怨むこと無く、われらは大いに楽しく生きよう。……貪《むさぼ》っている人々のあいだにあって、患《わずら》い無く、大いに楽しく生きよう。……勝敗をすてて、やすらぎに帰した人は、やすらかに臥す。……涅槃《ニッバーナ》(4)に優るものなし。……ニッバーナ、優れた楽しみ。……ニッバーナは最上の楽しみ。……甘露の法爾《ほうに》(5)」なのですよ。

そしてヒンドゥー教ですが、多様な流れを持つインドの宗教のことを西欧ではヒンドゥー教と呼んでいるわけですが、そこでは転生の信仰が共有されています。つまり輪廻転生という考えに捉えられて、苦難と悲しみの現世に再生して来るのです。多くの人々にとってこれほどにも困難な生活の場に幾度も戻って来なくてはならないという思いは、即、悲観論です。けれども、その思いを乗り越えれば、究極的な解放、つまり私たちの最高善である「悟り《モークシャ》」において、究極者であるブラフマンと同化できるという究極的な楽観論があります。

ですから、諸々の世界宗教は、本当は宇宙的な楽観論のさまざまに異なる形態なのです。いずれにせよ、どの世界宗教もみな、キリスト教の神秘家ノリッジのジュリアンの名句で言えば、「すべては善くなる。すべては善くなる。何ごとも善くなる」(6)と宣言するのです。

デイビッド おそらく宗教というものは、根本的には楽観的なものなのでしょう。そのことはあなたの方がずっとよくわかっていらっしゃる。けれども、だからといって、宗教がみな正しくて、宗教の楽観論がみな正当化されるということにはならないでしょうね。

ジョン もちろん、なりません。どうも、私たちの議論には終着点がないようですね。私の信仰は私自身の宗教体験によって裏打ちされていますが、あなたにはそのような体験がなく、そのような信仰の基盤もないようですね。

デイビッド ええ、そんなところです。それであなたは、その点で私のほうが劣っているとでもお考えなのでしょうか。

ジョン 長い目で見ればそうではないのですが、短い目で見るとそうであるように思えます。というのも、宇宙の究極的な善にたいする感覚によってあなたの背景にもたらされる違いというものをあなたは見逃しているからです。この背景感覚によってもたらされる違いというものを例証してみせましょう。前にそのような例を話したことがあるかもしれませんが、まあこういう具合です。たとえば私が、間違って大勢の人々の集まっているホールに入っていくとします。すると、そこでは恐ろしいことに、革命家たちが憲法を廃止し、独裁制を打ち立てようと企てているのです。ほぼ全員がカラシニコフ銃で武装していて、明らかに危険なグループです。これが、まずはその状況の帯びる意味です。そして次は、その場で見せる私の態度です。そこに集まっている人々が私を仲間の一員であると認めてくれることを望みつつも、私はおびえる様子を見せ、沈黙を守ります。ところが次の瞬間、私は頭上で静かに回るカメラに気がつき、自分が映画のセットに踏み込んでしまっていることに気づきます。これは私にとって状況の意味の変化となります。私はもう恐れなくてもよく、むしろ好奇心をそそられるようになります。それまでと同様に密談は進められ、私もそれまでと同様に振る舞いますが、気持ちはまったく違ったふうに動いています。なぜなら、その場の意味が前とはまったく違っているからです。

これは人生の意味にたいする完全なアナロジーではありません。というのも、私の例話ではカメラという新しい要因に気づき、それによって状況に変化がもたらされているからです。一方、人生においては、私たちはこの曖昧模糊とした宇宙全体の帯びる意味をはっきり認識しつつあります。これは宗教体験における超越在の覚知に由来するものです。そして、人生の意味におけるこの変化は、大きな背景の違いを作り出します。あなたが見逃しているのは、まさにこの点です。

デイビッド　けれども、もちろん、そのような感覚は妄想だと私は見ています。そして、誰も完全に確信のできる者はいないとも思っています。ですから、私は不可知論の段階にとどまっているわけです。いわば、昔のオマル・ハイヤームの心境です。つまり、

「如何《いか》なれば」とも知らず、この天地《あめつち》に

「何処《いずこ》より」とも知らず、諾否《うむ》なく流れ、
その外へ、あれ野行く風のごとくに、
「何処《いずこ》」とわれ知らず、諾否《うむ》なく吹けり。(7)

けれども、ある程度まであなたも不可知論を共有しているのではないですか。

ジョン　私自身、ほかの理性的な人々と同じように、自分が間違っているかもしれない、妄想を抱いているかもしれない、ということに気づいています。それでも、先ほどお話しした私自身の宗教体験、また多くの賢者の宗教体験にもとづく教えから、私たちがその一部である全体のその究極的な善さ、善性というものの可能性については、ほぼ確実であるように思っています。

デイビッド　やれやれ、あなたの言い分が正しければいいのですが……。私はやはり、あなたは間違っていると思いますよ。

ジョン　ということは、結局、お互い、違う意見にたどり着いたということですね。互いの根本的な違いがどこにあるかということが、私にははっきりしたように思います。それは知的な違いではなく、体験的なものだということです。自分が信じる、信じないの土台は、自分の持つデータに依存するわけですが、そのデータが私たちのあいだでは違っています。私の場合は、自分自身と他の人々の宗教体験を含み持っていますが、あなたの場合はそうではないということです。そうではないですか。

デイビッド　そのようです。でも、本当にそうだとも言えません、私自身にはそのような体験がありませんから……。多分、いつかは……。でも、わかりません。もし、そのような体験をすれば、あなたのように私も感銘を受けることになるでしょう。でも、それもわかりません。

注

（注において邦訳書参照頁の記載がないものの多くは訳者私訳を用いている）

第1章　異なる論点の明確化——自然主義vs宗教

（1）Thomas S. Kuhn, *The Structure of Scientific Revolutions*, 2nd edn, Chicago and London: University of Chicago Press, 1996（トーマス・クーン『科学革命の構造』中山茂訳、みすず書房、一九七一年）。

（2）William James, *The Varieties of Religious Experience* (1902), London: Collins Fount, 1979, p. 374（ウィリアム・ジェイムズ『宗教的経験の諸相』桝田啓三郎訳、岩波文庫、上巻、一九六九年／下巻、一九七〇年）。

（3）Thomas Hobbes, *Leviathan* (1651), Part III, chap. 32（トマス・ホッブズ『リヴァイアサン』1―4、水田洋訳、岩波文庫、第一巻、一九九二年／第二巻、一九九二年／第三巻、一九八二年／第四巻、一九八五年）。

（4）*The Essential Rumi*, trans. by Coleman Barks with John Moyne, San Francisco: HarperCollins, 1996, p. 71（『ルーミー語録』「イスラーム古典叢書」井筒俊彦訳・解説、岩波書店、一九七八年）。

（5）Emile Durkheim, *The Elementary Forms of the Religious Life*（1912）, London: George Allen & Unwin, 1954, p. 206（エミール・デュルケーム『宗教生活の基本形態――オーストラリアにおけるトーテム体系』上・下、山崎亮訳、ちくま学芸文庫、二〇一四年）。

（6）Karl Marx, *Critique of Hegel's Philosophy of Right*（1843-44）, Introduction（カール・マルクス『ユダヤ人問題によせて／ヘーゲル法哲学批判序説』城塚登訳、岩波文庫、一九七四年）。

（7）Sigmund Freud, *Civilization and Its Discontents, in Works*, London: Hogarth Press, 1953, Vol. XXI, p. 72（フロイト『幻想の未来／文化への不満』中山元訳、光文社古典新訳文庫、二〇〇七年）。

（8）Ludwig Wittgenstein, *Tractatus Logical-Philosophicus*（1921）, trans. C. K. Ogden, New York: Kegan Paul, 6.44, p. 187（『ウィトゲンシュタイン全集　第一巻　論理哲学論考』六・五二に該当、奥雅博訳、大修館書店、一九七五年）。

第2章　神の存在は証明できるか？

（1）Anselm, in *Proslogion*, chapters 2 and 3, and Reply to Gaunilo（St Anselm's Proslogion, trans. M. J. Charlesworth, Oxford: Clarendon Press, 1965）（「プロスロギオン」二−三章とガウニロへの応答、聖アンセルムス『プロスロギオン』長澤信壽訳、岩波文庫、一九四二年）。

(2) John Hick, *Who or What Is God?* London: SCM Press, 2008, chap. 14(ジョン・ヒック『神とはいったい何ものか——次世代のキリスト教』若林裕訳、新教出版社、二〇一四年。ただし邦訳書では一一—一四章は割愛)。

(3) Martin Rees, *Our Cosmic Habitat*, London: Weidenfeld & Nicholson, 2002, pp. 80-2(マーティン・リース『宇宙の素顔——すべてを支配する法則を求めて』青木薫訳、講談社ブルーバックス、二〇〇三年)。

(4) Ibid., p. xvii.

(5) Richard Swinburne, *The Existence of God*, Oxford: Clarendon Press, 1979.

(6) Richard Swinburne, *Is There a God?* Oxford: Oxford University Press, 1996.

第3章 神という言葉で意味するものは?

(1) David Hume, 'Essay on Miracles'(デイヴィッド・ヒューム『奇蹟論』「ヒューム宗教論集3 奇蹟論・迷信論・自殺論」福鎌忠恕・斎藤繁雄訳、法政大学出版局、一九八五年)。

第4章 超越性抜きの宗教とは?

(1) ドンウィとは、ドン・キュピット(Don Cupitt)と故デウィ・フィリップス(Dewi Phillips)の二人の名前の合成である。ドンウィの立場は、二人のどちらとも同じではないが、両者の著作に見られる見解を元にしている。

（2）Don Cupitt, *Taking Leave of God*, London: SCM Press, 1980, p. 9.

（3）Ibid., p. 57. 後の多くの著作では、ここに書かれている内容よりもはるかに先をいく論が展開されているが、それでも反実在主義の立場は堅持されている。

（4）Ibid., p. 50.

（5）Ludwig Feuerbach, *The Essence of Christianity*（1841）, trans George Eliot, New York: Harper, 1957, p. 11（フォイエルバッハ『キリスト教の本質』上巻、船山信一訳、岩波文庫、一九四八年、六三頁）。

（6）Ibid., p. 14（前掲邦訳書、七七頁）。

（7）Ibid., pp. 55-6（同、一三七―九頁）。

（8）D. Z. Phillips, *Death and Immortality*, London: Macmillan and New York: St Martin's Press, 1970, p. 49. デウィもまた、後の多くの著作では、これよりはるかに先をいく内容を展開しているが、この立場は撤回していない。

（9）Terry Eagleton, *The Gatekeeper: A Memoir*, London: Allen & Unwin, 2001, p. 14（テリー・イーグルトン『ゲートキーパー　イーグルトン半生を語る』滝沢正彦・滝沢みち子訳、大月書店、二〇〇四年）。

（10）Bertrand Russell; *Mysticism and Logic*, London: Edward Arnold, 1918, pp. 47-8（『バートランド・

ラッセル著作集4　神秘主義と論理』江森巳之助訳、みすず書房、一九五九年、五七頁)。この初期の論考に関してラッセルは一九六二年のある書簡のなかで、次のように述べた。「宇宙と人間の生命に関する私自身の見解は本質的に変わっていない」。*Autobiography*, Vol. III, London: Allen & Unwin, 1969, pp. 172-3(『ラッセル自叙伝』I—III、日高一輝訳、理想社、一九六八—一九七三年)。

〔訳注1〕伝統的なキリスト教信仰を根源的なところから考え直すことを提唱して、新しい時代の新しい信仰のあり方を「非実在論の立場からのラディカルな宇宙的ヒューマニズム」として創唱した現代イギリスの宗教運動。

〔訳注2〕訳者私訳。

第5章　宗教体験

(1) イギリスでは一九七八年に約二〇〇〇人を対象に国家レベルの世論調査がおこなわれたが、そのうちの三六%の人が宗教体験をしたと回答した(詳細については David Hay, *Exploring Inner Space*, Harmondsworth: Penguin Books, 1982, chap. 8 を参照されたい)。アメリカでは、一九七五年の「全国世論調査センター(NORC)」の調査で三五%の人が、また一九七八年のプリンストン調査センターでは、同じく三五%の人が「霊的な力」を感じたことがあると回答した。オーストラリアでは、一九八三年にギャラップインターナショナルのオーストラリア関連会社であるモーガンリサーチにより、四四%の人が同様な宗教体験をしたという調査結果が報告された(David Hay,

Religious Experience Today, London: Mowbray, 1990, p. 79)。

（2）Hay, *Religious Experience Today*, pp. 56-7.

（3）Michael Paffard, *The Unattended Moment*, London: SCM Press, 1976; Alister Hardy, *The Spiritual Nature of Man*, Oxford: Clarendon Press, 1979; Hay, *Exploring Inner Space*; Hay, *Religious Experience Today*; David Hay, *Something There: The Biology of the Human Spirit*, London: Darton, Longman & Todd, 2006; Meg Maxwell and Verena Tschudin, eds, *Seeing the Invisible: Modern Religious and Other Transcendent Experiences*, London: Arkana (Penguin Books), 1990; and Occasional Papers published by the Religious Experience Research Centre, Dept. of Theology & Religious Studies, University of Wales, Lampeter, Ceredigion SA48 7ED.

（4）Hay, *Religious Experience Today*, pp. 75-6.

（5）Maxwell and Tschudin, *Seeing the Invisible*, p. 47.

（6）Ibid., p. 52.

（7）Samir Okasha, 'What Makes Good Guys So Nice?, *Research News & Opportunities in Science and Theology*, Vol. 3, No.5 (January 2003), p.19.

（8）Ibid.

（9）Ibid., p. 21.

（10）Richard Dawkins, *The God Delusion*, London: Bantam Press, 2006（リチャード・ドーキンス『神

は妄想である——宗教との決別』垂水雄二訳、早川書房、二〇〇七年）。

（11）Hay, *Religious Experience Today*, p. 58.

（12）クリシュナの幻の例証については、次を参照されたい。Klaus Klostermaier, *Hindu and Christian in Vrindaban*, London: SCM Press, 1969, p. 31.

（13）Maxwell and Tschudin, *Seeing the Invisible*, p. 61.

（14）*The Autobiography of Teresa of Avila*, trans. Alison Peers, New York: Image Books, 1960, pp. 238-9（『アビラの聖テレサ「神の憐れみの人生」』上・下、高橋テレサ訳、鈴木宣明監修、聖母の騎士文庫、二〇〇六年）。

第6章　宗教体験を信用する！

（1）Richard Dawkins, *The God Delusion*, p. 50（第5章注10参照）。

（2）Keith Ward, *Why There Almost Certainly Is a God*, Oxford: Lion Press, 2008, p. 28.

（3）十七世紀後半および十八世紀前半。

（4）Bertrand Russell, *Human Knowledge: Its Scope and Limits*, London: Allen & Unwin, 1948, p. 180（『バートランド・ラッセル著作集9　人間の知識Ⅰ——その範囲と限界』第三部「科学と知識（二）唯我論」鎮目恭夫訳、みすず書房、二八三頁）。

（5）David Hume, *A Treatise of Human Nature*, ed. L. A. Selby-Bigge, 2nd edn (Oxford: Clarendon

Press, 1896), Book I, section 2, p. 187（デイヴィッド・ヒューム『人間本性論　第一巻　知性について』第四部「懐疑論的およびその他の哲学体系について」第二節「感覚能力に関する懐疑論について」木曽好能訳、法政大学出版局、二〇一一年、二一九頁）。

第7章　宗教的な矛盾にもかかわらず？

（1）Ludwig Wittgenstein, *Philosophical Investigations*, trans. Elizabeth Anscombe, Oxford: Blackwell, 1953, p. 194（『ウィトゲンシュタイン全集　第八巻　哲学探究』藤本隆志訳、大修館書店、一九七六年、三八五頁）。

（2）Andrew Newberg and Eugene d'Aquili and Vince Rause, *Why God Won't Go Away: Brain Science and the Biology of Belief*, New York: Ballantine Books, 2001, pp. 2-7（アンドリュー・ニューバーグほか『脳はいかにして〝神〟を見るか――宗教体験のブレイン・サイエンス』茂木健一郎監訳、木村俊雄訳、ＰＨＰ研究所、二〇〇三年）。

（3）D. T. Suzuki, *Zen Buddhism*, ed. William Barrett, Garden City, NY: Doubleday, 1956, p. 84.

（4）William James, *The Varieties of Religious Experience*（1902）, p. 248（第1章注2参照）。

（5）Ibid., p. 17.

（6）Thomas Aquinas, *Summa Theologica*, II/II, Q. 1, art 2.（トマス・アクィナス『神学大全』第15冊、第Ⅱ―2部第一問題第二項、稲垣良典訳、創文社、一九八二年）。

（7）*Songs of Kabir*, trans. Rabindranath Tagore, New York: Samuel Weiser, 1977, p. 75（カビール『宗教詩ビージャク――インド中世民衆思想の精髄』東洋文庫、橋本泰元訳、平凡社、二〇〇二年）。

（8）Meister Eckhart, Sermon 27, *Meister Eckhart: The Essential Sermons*, trans. Edmund Colledge and Bernard McGinn, Mahwah, NJ: Paulist Press, 1981, p. 225（注9邦訳書未収録）。

（9）Meister Eckhart, Sermon 1. Raymond Blakney, *Meister Eckhart, a Modern Translation*, New York: Harper & Row, 1941, p. 225（エックハルト「説教一　魂という神殿について」『エックハルト説教集』田島照久訳、岩波文庫、一九九〇年）。

（10）Gershom Scholem, ‘General Characteristic of Jewish Mysticism,’ in Richard Woods, ed., *Understanding Mysticism*, New York: Image Books, 1980, p. 149（G・ショーレム「第一章　ユダヤ神秘主義の一般的特質」『ユダヤ神秘主義〈新装版〉その主潮流』山下肇他訳、法政大学出版局、二〇一四年）。

（11）Ibn al-'Arabi, *Bezels of Wisdom*, trans. John Farina, London: SPCK, 1980, p. 92.

（12）Paul Knitter, *Without Buddha I Could Not Be a Christian*, Oxford: One World, 2009, p. 15による引用。

（13）『クルアーン』二・一七六―七。

（14）*The Middle Length Sayings (Majjhima-Nikaya)*, trans. I. B. Horner, London: Luzac (Pali Text Society), 1954, p. 46（第七経「衣の喩え――布喩経」及川真介訳、『原始仏典　第四巻　中部経典I』

春秋社、二〇〇四年、八二頁）。

(15) 以下はエルデル・カマラの言葉である。「貧者に食べ物を与えると、人々は私を聖人と名付ける。貧者になぜ食べ物がないのかと問うと、人々は私を共産主義者と名付ける」。

第8章　脳科学と宗教体験

(1) Ian Cotton, 'Dr Persinger's God Machine,' *Independent on Sunday*, 2 July 1995.

(2) Rita Carter, *Consciousness*, London: Weidenfeld & Nicholson, 2002, p. 288（リタ・カーター『脳と心の地形図2　思考・感情・意識の深淵に向かって』ビジュアル版、藤井留美訳、養老孟司監修、原書房、二〇〇三年）。

(3) V. S. Ramachandran, *Phantoms in the Brain*, New York: William Morrow, 1998, p. 175（V・S・ラマチャンドラン／サンドラ・ブレイクスリー『脳のなかの幽霊』山下篤子訳、角川書店、一九九九年）。

(4) Ibid., p. xvii.

(5) Roger Penrose, 'Can a Computer Understand?" in Steven Rose, ed., *From Brains to Consciousness*, London: Penguin, 1999, p. 14.

(6) Steven Rose, 'Brains, Minds and the World,' in Rose, ed., *From Brains to Consciousness*, p. 14.

(7) Benjamin Libet, 'Do We Have Freewill?' in Benjamin Libet, Anthony Freeman and Keith

Sutherland, *The Volitional Brain*, Thorverton: Imprint Academic, 1999, pp. 55-6.

（8）Aphorism 40, in the Vatican Collection.

第9章　脳科学についてのさらなる言及

（1）William James, *The Varieties of Religious Experience*（1902）, p. 373（第1章注2参照）。

（2）Ray Jordan, ‘LSD and Mystical Experience’, in John White, ed., *The Highest State of Consciousness*, New York: Doubleday, 1972, p. 284.

（3）Single photon emission computed tomography. 略語ＳＰＥＣＴ（単光子放射断層撮影装置）。

（4）Andrew Newberg, et al., *Why God Won't Go Away*, pp. 3-8（第7章注2参照）。

（5）James H. Austin, *Zen and the Brain*, Cambridge, Mass: MIT Press, 1998, p. 23.

（6）Ibid., p. 35.

（7）Ibid., pp. 35-6.

（8）John Oman, *The Natural and the Supernatural*, Cambridge: Cambridge University Press, 1931, p. 199〔原書引用頁、正しくは p. 45〕（ジョン・オーマン『自然的秩序と超自然的秩序』上輿二郎による個人的電子図書館、二〇〇七年）。

〔訳注1〕『ジョン・ヒック自伝』（トランスビュー、二〇〇六年）第24章1節「日本の仏教者たちとの対話」にこの点をめぐる興味深い内容が記されている。

〔訳注2〕本書第1章に、この二語をめぐる取り交わしがおこなわれている。

第10章　キリスト教にとっての意味の含み

（1）ヨシュア記一〇章一二―一四節
（2）ヨハネによる福音書一〇章三〇節
（3）ヨハネによる福音書一四章九節
（4）ヨハネによる福音書一四章六節
（5）ヨハネによる福音書八章五八節
（6）マルコによる福音書一〇章一八節
（7）ヨハネによる福音書一〇章一―六節
（8）マタイによる福音書二八章一七節
（9）マタイによる福音書二七章五二―三節
（10）コリントの信徒への手紙一　一五章八節
（11）使徒言行録二二章六―九節
（12）コリントの信徒への手紙一　一五章六節
（13）コリントの信徒への手紙一　一五章四四、五〇節
〔以上の聖句の邦訳はすべて『聖書　新共同訳　和英対照』日本聖書協会、一九九八年による〕

第11章　イスラームにとっての意味の含み

（1）ソローシュの引用はすべてアブドゥルカリム・ソローシュの著書 *The Expansion of Prophetic Experience*, translated by Nilou Mobasser, Leiden and Boston: Brill, 2009 による。

（2）Rumi, *Rumi, Poet and Mystic*, trans. R. A. Nicholson, London: Unwin, 1978, p. 166（『ルーミー語録』「イスラーム古典叢書」井筒俊彦訳・解説、岩波書店、一九七八年）。

（3）フィクフとは、シャリーア（イスラーム法）にたいする法解釈学〔イスラーム法体系〕のこと。

（4）Abdolkarim Soroush, *Reason, Freedom, and Democracy in Islam*, Oxford and New York: Oxford University Press, 2000.

第12章　諸々の宗教――それは善いもの、悪いもの？

（1）Wilfred Cantwell Smith, *The Meaning and End of Religion*, 1962, Minneapolis: Fortress Press, 1991（ウィルフレッド・キャントウェル・スミス『宗教の意味と終極』保呂篤彦・山田庄太郎訳、国書刊行会、二〇二一年）。

（2）Blaise Pascal, *Pensées*, trans. F. W. Trotter, London: J. M. Dent, 1932, No. 894, p. 265（パスカル『パンセ』前田陽一・由木康共訳、中公文庫、二〇〇一年）。

（3）Hans Küng, *Disputed Truth*（2007）, trans John Bowden, New York: Continuum, 2008.

（4）*The Encyclopedia of Religion*, ed. Mircea Eliade, Macmillan: 1987, Vol. 7, p. 305（『エリアーデ世

界宗教事典』奥山倫明訳、せりか書房、一九九四年）。

（5）Mahmoud Aydin, 'Islam and Diverse Faiths: A Muslim View', in Perry Schmidt-Leukel and Lloyd Ridgeon, ed., *Islam and Inter-Faith Relations*, London: SCM Press, 2007.

（6）*The Edicts of King Ashoka*, trans. S. Dhammika, Kandy: Buddhist Publication Society, 1993, Twelfth Rock Edict（塚本啓祥『アショーカ王碑文』第三文明社、一九七六年）。

第13章　苦しみと邪悪

（1）Edward Fitzgerald, *The Rubbáiyát of Omar Khayyam*, 1st edn (1859), p. 73（オオマア・カイアム『ルバイヤット』エドワアド・フィツジェラルド英訳、竹友藻風訳、アルス、一九二一年、一一〇頁）。

（2）Sydney Carter, 'Friday Morning' ©Stainer & Bell.

第14章　死後のいのちとは？

（1）Terry Eagleton, *The Gatekeeper: A Memoir*, London: Penguin Press, 2001, p. 14.

（2）Ian Stevenson, *Twenty Cases Suggestive of Reincarnation*, 1st edn 1966, 2nd edn 1974, New York: American Society for Psychical Research.

（3）例えば、Sylvia Cranston and Carey Williams, *Reincarnation*, New York: Julian Press, 1984, chap.

7など参照。

（4）Majjhima-Nikaya, l. 22, trans. l. B. Horner, *The Collection of the Middle Length Sayings*, Vol. 1, London: Luzac & Co., 1954, p. 28（第四経「森に独り住む――怖駭経」及川真介訳、『原始仏典　第四巻　中部経典Ｉ』春秋社、二〇〇四年）。

第15章　宇宙的な楽観論

（1）Edward Conze's translation of part of the Buddha's first sermon, in Edward Conze, *Buddhism, Its Essence and Development,* New York: Harper Torchbooks, 1975, p. 43.

（2）Rabbi Dan Cohn-Sherbok, 'Death and Immortality in the Jewish Tradition', in Paul Badham and Linda Badham, eds, *Death and Immortality in the Religions of the World,* New York: Paragon Press, 1987, p. 34.

（3）Rumi, *Rumi, Poet and Mystic*, pp. 56-7（第11章注2参照）。

（4）パーリ語のニッバーナはサンスクリット語（梵語）の「ニルバーナ」に当たる。

（5）Dhammapada, chap. 15, trans. Narada Thera, 2nd edn, Colombo: Vajiranama, 1972（『ブッダの真理のことば／感興のことば』「第15章　楽しみ」中村元訳、岩波文庫、一九七八年）。

（6）Julian of Norwich, *Showings*, ed. Edmund Colledge, New York: Paulist Press, 1978, p. 225（Long text, chap. 27), and appearing many times in both Long and Short texts.

（7）Edward Fitzgerald, *The Rubáiyát of Omar Khayyam*, 1st edn（1859）, verse 29（オーマァ・カイヤム『ルバイヤット』竹友藻風訳、西村書店、一九四七年、四八頁）。

監訳者あとがき

本書の著者ジョン・ヒック（一九二二―二〇一二）――以後「先生」とお呼びする――の「生誕一〇〇年」の記念の年に向けて、いま一冊、先生のご著書を邦訳出版することができるのは望外の喜びです。この邦訳は、先生のご著書を愛読し、先生による「特異な宗教理解」をいま一層「深めたい」「極めたい」と望む慶應宗教研究会の会員による協働の結実です。同研究会では、多年にわたり、先生のご著書を原書、あるいは邦訳で読み続けてきました。今回の邦訳出版は、その成果を明らかにする貴重な一部分です。ちなみに当研究会における「ジョン・ヒック研究」の歩みとその研究の成果は、同研究会の年報『宗教研究』（慶應義塾大学日吉図書館にて所収、現在までの合本三三集、以後続刊予定）にて認証することができます。

先生は母国の英国で哲学、神学を修めて牧会に立たれましたが、米国からの招聘を受けて渡米。コーネル、プリンストン、クレアモントの諸大学で教職を歴任されました。帰国後は、さらにケンブリッジ大学、バーミンガム大学で教職を継続されました。先生が晩年を過ごされたバーミンガムは移民による文字通りの「多‐民族」「多‐文化」「多‐宗教」の大工業都市で、先生はその現実をつぶさに体験されました。そして、まさに実践的に、宗教の多元主義的な理解を構築されたのでした。先生によるこの宗教思想に触れて「東京のある書店に入り、ある本と出会う。それがヒックの『宗教多元主義』だった」と創作日記に記したのは、『深い河』の創作準備に取り掛かっていた遠藤周作（一九二三―一九九六）でした。

これは偶然というより、私の意識下が探り求めていたものがその本を呼んだと言うべきだろう。……ヒックは基督教神学者でありながら世界の各宗教は同じ神を違った道、文化、象徴で求めていると述べ、基督教が第二〔バチカン〕公会議以後、他宗教との対話と言いながら結局他宗教を基督教のなかに包括する方向にあると批判している。そして本当の宗教多元主義はイエスをキリストとする神学をやめ、つまりイエスの受肉の問題と三位一体の問題にメスを入れるべきだと敢然として言っているのである。……この衝撃的な本は一昨日以来私を圧倒し、偶々、来訪された岩波書店の方に同じ著者の『神は多くの名前を持つ』を頂戴し、今、読みふけっている最中である……。

ヒック先生による故遠藤周作氏の創作日記への言及は、先生による『自伝』〔トランスビュー、二

最晩年のジョン・ヒック先生（ガンジーの額とともに書斎にて）
（2005年5月24日、撮影村山紀美子）

〇〇六年）第二四章「東洋仏教との出会い」の終わりの部分で読むことができます。
後日談になりますが、遠藤夫人の順子様からいただいたお便りには、「……間瀬先生の貴重なお仕事のおかげ様で、主人は偶然、渋谷の大盛堂で一冊だけ横になっていたこの著作〔『増補新版 宗教多元主義』法藏館、二〇〇八年〕の初刊本を探り当てることが出来ました。私は今でもそのことをどれだけ神様に感謝しても仕切れない程のお恵みだったと感謝しております。恐らくヒック氏のあの著作を読んで、主人は自分が長年歩いてきた道が間違っていなかったことを確信できたのではないかと存じます。只、欲を言えば、せめて二十一世紀に入ってから一〇年生きていてくれたら、今世紀に入ってからの一〇年近くの間にどれだけ宗教多元主義的な考え方が受け入れられ発展をとげて来たかを自分の眼で確かめられたのにと可哀想でございます……。〔二〇〇八年〕五月三一日　遠藤順子」と認められています。

残念な知らせですが、本年（二〇二一年）一月一六日、心不全により、ご夫人も入院先の病院で亡くなられました。享年九三歳でした。

私が、かねがね考えていることですが、ヒック先生の宗教理解／信仰理解の仕方は宗教寛容と世界平和の構築のために貢献できるのではないか、ということです。それは「宗教を異にする人々に対して自由を与える」という意味での宗教寛容であり、また「偉大なる世界宗教／世界信仰を等しく真正なるものと認めることによって信仰を異にする人々に対して平和を実現する」という意味での平和構築です。先生と同じく、偉大なる世界宗教の容認をすすめるカトリックのハンス・キュンク師は「世界の宗教間に平和がなければ、世界の国家間に平和はない」と明言されましたが、先生はさらに踏み込んで、「世界の宗教間／信仰間に等しく相互の有効性を容認し合う対話がない限り、宗教間に真の平和はない」と強調されました。心の平和／魂の平和の実現に向けて、先生は、終生、身を尽くして、「対話」に打ち込まれました。それゆえ、本書を手に取られる読者には、「行間に、対話の重みを感得することが求められているのだ」と、快く了解していただけるならば幸いです。

なお、本書の訳業は文字通りの「協働」によるもの（共訳者一覧を参照されたい）ですが、訳文と原文を照らし合わせて問題点を指摘し、一層読み易いものにして下さったのは、教文館出版部の倉澤智子さんでした。改めてここに謝意を表します。

二〇二一年　春深し／春惜しむ

間瀬啓允

ま行

や行

ら行

た行

な行

は行

索　引

あ行

か行

さ行

共訳者一覧

稲田　実（はじめに、1－6、8、9、11章）

大阪大学卒業。同大学大学院工学研究科修了（修士・工学）。（株）東芝入社、材料開発に従事するかたわら慶應義塾大学通信教育部に学び、経済学部および文学部を卒業。定年退職後、ルター研究所（ルーテル学院大学）研究員として「ルター著作集」共訳作業に従事。訳書 J. ヒック『人はいかにして神と出会うか――宗教多元主義から脳科学への応答』（共訳・間瀬啓允、法蔵館、2011年）ほか。

木村　智（2、3、13章）

国際基督教大学卒業。現在、東京大学大学院人文社会系研究科宗教学宗教史学博士課程在籍。日本学術振興会特別研究員。

長谷川（間瀬）恵美（4、13–15章）

東京女子大学卒業。ブリストル大学（英国）文学部神学・宗教学研究科修了（修士・宗教学）、ルンド大学（スウェーデン）神学・宗教学研究科博士課程修了（博士・神学）。現在、桜美林大学准教授（専門は宗教学）。著書 *Christ in Japanese Culture: Theological Themes in Shusaku Endo's Literary Works* (Brill, 2008),『深い河の流れ――宗教多元主義への道』（春風社、2018年）ほか。

南雲　功（5、6章）

千葉大学卒業。同大学大学院理学研究科修了（修士・理学）。イワブチ（株）定年退職後、放送大学大学院文化科学研究科人文学プログラム修了（修士・学術）。現在、同教養学部在籍中。文教大学生活科学研究所準研究員。

鈴木安夫（7章）

慶應義塾大学卒業。現在、石巻市復興を考える市民の会代表代行、およびNPO法人シンプルライフ普及センター理事。慶應宗教研究会会長。

倉田夏樹（10章）

立教大学卒業。同大学大学院文学研究科史学専攻博士前期課程修了（修士・文学）、および同研究科組織神学専攻博士後期課程単位満了退学。現在、立教大学日本学研究所研究員、南山宗教文化研究所非常勤研究員。

岡村洋子（10、12章）

早稲田大学卒業。青山学院大学大学院修了（MBA）。IT企業や米国企業内外勤務等をへて、現在、法政大学大学院人文科学研究科哲学専攻在籍中。

村山紀美子（12章）

慶應義塾大学卒業。浄土真宗僧徒、法名釋尼由恩。慶應宗教研究会副会長。

三原可代子（12章）

慶應義塾大学卒業。

著者紹介

ジョン・ヒック（John Hick, 1922-2012）

宗教哲学者・神学者。英国スカーボロ生まれ。エディンバラ大学とオックスフォード大学で哲学を、ケンブリッジ大学のウェストミンスター神学院で神学を修めた。米国のコーネル大学、プリンストン大学、クレアモント大学、英国のケンブリッジ大学、バーミンガム大学で教職を歴任。1986-87年英国ギフォード講座を担当。1991年には宗教思想に新分野を開拓した功により米国グレウィマイヤー賞受賞。宗教多元主義の唱導者として世界に名を成した。遠藤周作はヒックの宗教思想から晩年の小説『深い河』の創作に深い影響を受けた。

監訳者紹介

間瀬啓允（ませ・ひろまさ）

1938年、愛知県半田市に生まれる。慶應義塾大学文学部、同大学院修士・博士課程を修了。専攻は哲学・宗教哲学。1974-75年、英国留学の機会を得てジョン・ヒックに直接師事、わが国にヒックを紹介した。現在、慶應義塾大学名誉教授、日本宗教学会名誉会員、慶應宗教研究会顧問。

著書・編著　『現代の宗教哲学』（勁草書房、1993年）、『エコロジーと宗教』（岩波書店、1996年）、『宗教多元主義の探究』（大明堂、1995年）『宗教多元主義を学ぶ人のために』（世界思想社、2008年）ほか。

訳　書　ジョン・ヒック『神は多くの名前を持つ』(1986年、岩波書店)、『宗教多元主義──宗教理解のパラダイム変換』（法藏館、1990年／増補新版、2008年）、『もうひとつのキリスト教──多元主義的宗教理解』（共訳・渡部信、日本基督教団出版局、1989年）、『宗教がつくる虹』（岩波書店、1997年）、『宗教多元主義への道──メタファーとして読む神の受肉』（共訳・本多峰子、玉川大学出版部、1999年）『宗教の哲学』（共訳・稲垣久和、勁草書房、1994年／ちくま学芸文庫、2019年）『ジョン・ヒック自伝──宗教多元主義の実践と創造』（トランスビュー、2006年）などヒックの著書のほかに、J.パスモア『自然に対する人間の責任』（岩波現代選書、1979年）、H.スコリモフスキー『エコフィロソフィ──21世紀文明哲学の創造』（法藏館、1999年）など多数。

宗教と理性をめぐる対話――信仰と懐疑のはざまにて

2021年6月20日　初版発行

著　者　ジョン・ヒック
監訳者　間瀬啓允
発行者　渡部　満
発行所　株式会社　教文館
〒104-0061 東京都中央区銀座4-5-1
電話 03(3561)5549　FAX 03(5250)5107
URL　http://www.kyobunkwan.co.jp/publishing/
印刷所　モリモト印刷株式会社

配給元　日キ販　〒162-0814 東京都新宿区新小川町9-1
電話 03(3260)5670　FAX 03(3260)5637

ISBN　978-4-7642-6747-3　Printed in Japan